教练式猎头
超级个体

陈霏霏
(猎头酵母Ra姐)

著

中华工商联合出版社

图书在版编目（CIP）数据

教练式猎头超级个体 / 陈霏霏著. -- 北京 : 中华工商联合出版社, 2024.10. -- ISBN 978-7-5158-4099-4

Ⅰ.F243

中国国家版本馆CIP数据核字第2024VZ7245号

教练式猎头超级个体

作　　者：	陈霏霏
出 品 人：	刘　刚
责任编辑：	于建廷　王　欢
封面设计：	周　源
责任审读：	傅德华
责任印制：	陈德松
出版发行：	中华工商联合出版社有限责任公司
印　　刷：	北京毅峰迅捷印刷有限公司
版　　次：	2024年10月第1版
印　　次：	2024年10月第1次印刷
开　　本：	710mm×1000mm　1/16
字　　数：	244千字
印　　张：	14.5
书　　号：	ISBN 978-7-5158-4099-4
定　　价：	68.00元

服务热线：010-58301130-0（前台）
销售热线：010-58301132（发行部）
　　　　　　010-58302977（网络部）
　　　　　　010-58302837（馆配部）
　　　　　　010-58302813（团购部）
地址邮编：北京市西城区西环广场A座
　　　　　　19-20层，100044
http://www.chgslcbs.cn
投稿热线：010-58302907（总编室）
投稿邮箱：1621239583@qq.com

工商联版图书
版权所有　盗版必究

凡本社图书出现印装质量问题，
请与印务部联系。
联系电话：010-58302915

对本书的赞誉

Ra 姐是我见过的特别有洞见，有创新精神，有情怀，有格局的资深猎头。她将心理学的功底应用于猎头的工作中，开创了教练式猎头新流派。本书将她过去12年的猎头经历，独创的实战心法，以及对猎头行业未来的思考全面分享出来。全书通俗易懂，深入浅出，案例丰富，娓娓道来。读她的书，感觉就像和她面对面地交流，真诚亲切。想要创造价值或者招聘优秀人才的朋友，这是一本值得一看的用心之作。

——FMC 创始人，《猎头之道》作者　陈勇（Charles）

一个人的成功，应该看他贡献什么，而不应当看他取得什么。猎头的工作本身就具备这样的使命。非常认同本书说的，猎头的价值是需要重新被定义的，甚至需要重新被塑造的。传统的简历搬运工，并非猎头的本质。如果你意识到，你也可以创造出价值。建议你花时间阅读本书，从技能到思维，Ra 姐都在本书中毫无保留地分享。

——PN SEARCH 创办人　Nikita PU

这本书讲述了Ra姐猎头从业十余年的成长经历，从中展示出作为一名优秀猎头顾问的专业技能和良好素质，尤其是在Offer沟通过程中，如何打破僵局，极大地提高Offer谈判的成功率。全书文字简洁流畅，案例生动有趣，大道至简，读起来有一种亲历感。从这本书中，我们可以看到优秀猎头的共同特性：专注、同理心、深度的思考能力，以及对工作的热爱。

——仲望咨询董事长　余仲望

历经数次与Ra姐的深入交流，我深切感受到她对猎头事业的满腔热爱。近年来，她更将亲身实践经验转化为极具实操性的课程，不断在社交平台上以生动有趣的方式分享，为众多猎头从业者及对此领域感兴趣的伙伴们带来了宝贵的收获。相信她的这本新书，定能更系统地引领大家掌握教练式猎头的精髓，不容错过！

——RECC创始人　宁晋

我通读书稿，感叹作者的全然利他和坦诚分享，对书中观点也非常认同，尤其是关于超级个体的论述。这和我在十年前创立猎萌时对猎头行业的判断是一致的：猎头专业价值将会更加凸显，越来越多的猎头会成为SOHO顾问，成为超级个体，自己形成商业闭环。书中类似观点还有很多，值得一读！

——猎萌创始人CEO　李凯（Kevin）

强烈推荐您阅读《教练式猎头超级个体》。作者Ra姐深入浅出地分享了她12年的行业经验，不仅阐述了猎头行业的内幕和策略，还透露了如何通过教练式的方法来提升个人价值和职业成就。这本书是那些寻求在猎头领域突破的专业人士必读之作，能带给您启发和实用的知识。

——满天星人力咨询公司创始人&CEO 摘星子 潘岩

前言

我想了很久，如何来写开篇，最终决定跟大家说说心里话。

我是一个在猎头行业深耕了12年的高管猎头，帮助了很多优秀的伙伴不断找到更适合自己的舞台，完成职业的跃升。我见证了1万多位品牌营销人才从年薪30万~50万元成长为年入几百万元的CMO的发展旅程。我帮助了200多位品牌人才找到了更适合自己的理想舞台，有些人在10多年中被我推荐了两三回，只要他们想找工作或者身边有认识的人想看新机会，他们都第一时间来咨询我，有些候选人经我推荐，在一家公司任职10年，因为我帮他们找到了完全符合他们期待的工作。

2017年，我开启了我的创业之旅。从一名专业猎头变成了猎企老板，我在首年就实现了千万元的营收。我个人业绩连年实现超200万元，我培养的团队人均单产也达到了90万元。我所带领的品牌营销团队也在行业中崭露头角，我们服务过80%的顶流世界500强一线快速消费品大厂，并获得了客户的高度评价和认可。有些客户的品牌营销团队人才供给几乎被我们全包。

尽管我们战绩不错，但在那段时间里，我一直在思考如何更好地培养和成就更多的伙伴，我觉得这是作为一个老板的责任。一个好老板就应该帮助更多的伙伴成功。于是，我开始手把手地把我的各种心法教给伙伴们，我的培训课也是公司内最受欢迎的课程之一，每次一到培训时刻，伙伴们都会积极地跑向会议室，看得出他们发自内心的期待和喜欢。

我觉得一个人最好的状态就是可以从事自己热爱和擅长的事情，拥有一群志同道合的朋友。时间自由，财富自由，灵魂自由。

因为这份使命，我在2020年毫不犹豫地踏上了我的第二次创业之旅。我致力于改革猎头行业，打造创新的猎头模式。我希望能够帮助猎头们充分展现自己的能力，助力企业和人才更好地了解自己，实现更精准的匹配，创造更高的价值，从而实现猎头们的自我价值。同时，在专业猎头的支持下，我也希望能够帮助更多职场人在这片净土上找到真正属于自己的事业，发现自我。这是我愿意投入毕生精力去为之奋斗的事业。

2022年，我开始全力以赴从0到1启动了一个全新的角色，成为一位猎头培训主播。我希望将我在猎头行业12年实践经验总结出的心法，为那些渴望加入猎头行业并希望获得成功的伙伴们提供有力的支持和赋能。我将助力大家，避免走弯路，帮助你们在猎头领域中找到自己的激情和定位。在这个过程中，我也从一个0人直播间主播逐渐成长为在猎头领域中具有影响力的IP。通过一年的全力以赴，我将我12年的实战心法整合成了一整套体系化的课程，开创了猎头领域的新流派：**教练式猎头超级个体**。

本书毫无保留地分享了我的真实经历，以及我在猎头行业12年实战总结出来的教练式猎头超级个体的心法。我希望通过这本书能够助力那些渴望把猎头工作做出心流感，并将其发展成终身事业、实现自由自主人生的猎头们找到正确的路径和实施方法。

本书分为两个部分。

第一部分是我的猎头故事，从被劝退到百万业绩，再到各种历练以及两次创业的蜕变，从这些故事中，您可以找到教练式猎头超级个体心法的底层逻辑和真正的来源。

第二部分是教练式猎头超级个体的"道"和"术"相结合的实际案例的呈现，以帮助大家更好地理解教练式猎头的精髓。

我相信看完这本书，你不但可以获得猎头行业的赚钱秘诀，你也会对人性，对商业有更多的理解。

教练式猎头超级个体是一套综合了人性洞悉、商业认知和猎头技术的体系化方法论，是让你能把猎头做成一份拥有商业闭环事业的方法论，是让你能成为一位拥有专业心理咨询技术的灵魂导师的方法论。

希望这本书可以助力大家把猎头做成自己的终身事业，完成个人猎头的生意闭环，让猎头越做越吃香，越做越自由自主，钱包越做越厚，价值感越做越强！

目 录

第一部分　猎头养成记

一 初出茅庐：从被劝退到完成100万元业绩

1. 实习一周被劝退　004
2. 放弃世界500强管培生Offer　009
3. 从0到100万元　014

二 突破自我：不断历练成长

1. 高成功率的谈判是怎样炼成的　024
2. 跳槽后第六个月完成百万业绩　030
3. 工作的第六年，我实现了年入百万　038

三 逆风翻盘：两次创业的蜕变

1. "净身出户"　046
2. 二次创业　054
3. 坚持梦想所付出的代价　061
4. 从0人直播间到变现百万元　065

第二部分　教练式猎头超级个体实战术

一　猎头行业的趋势思考和分析
1. 猎头行业未来4大发展趋势　082
2. 传统猎头 VS 教练式猎头　091

二　教练式猎头超级个体
1. 教练式猎头超级个体是什么　102
2. 如何把猎头做成终身事业　107

三　教练式猎头超级个体实战心法与技术
1. 如何做战略定位？　116
2. 如何做细分定位？　124
3. 如何打造核心产品：精准人才池　132
4. 如何实现客户源源不断　140
5. 候选人推荐的沟通策略　149
6. 如何快速识别优秀人才　157
7. 沟通影响力实战案例　170
8. 百发百中Offer谈判案例拆解　184

四　猎头未来的生存之道
1. 猎头行业新模式的思考和实践　202
2. 教练式猎头超级个体未来展望　217

第一部分　猎头养成记

一
初出茅庐：从被劝退到完成100万元业绩

1. 实习一周被劝退

> ① 人生想要拿到结果，有时候只需要先让自己跨出第一步，仅此而已。
>
> ② 当人有了志向，有了明确的目标，就离成功不远了。

很多人说我身上有种永不服输、积极向上的劲儿。

对于这个评价，我发自内心地认同，而且不仅如此，我发现我可以欣然地接受命运的各种安排，无论命运把我抛在什么地方，我都会努力一步一步爬向我所期待的位置。

当年，我以复旦交大的录取分数线进入了上海师范大学应用心理系。尽管当时我填报的第一志愿是同济大学，但最终，我因2分之差没有达到我填报的志愿分数线。当时，我本可以被调剂到上海大学，但我果断放弃调剂，直接选择了我的第二志愿，正是这样的决定，让我与心理学这个在当时我觉得特别神秘的专业结缘。或许这就是命中注定。

虽然从某种程度上来说这也算是落榜了，但我坚信是金子到哪里都会发光，我立志进入大学后要有所作为，让我的大学生活充满意义。可人生往往是理想越丰满，现实越骨感。我们军训完，学校的各大社团和学生会开始招募干事，因为我唱歌还不错，所以我认为进入学生会的文艺部是小菜一碟的事情，可没想到事实还是挺令人意外的。我面试了所有的社团和学生会，居然只有一个叫"伙管会"的社团录取了我，这算是我人生的第一个Offer，但是这个Offer挺让我失望的，我发现这是一个管理食堂停车场的社团，每天就是做一些基础的排班，一点创意和发挥空间都没有，所以我参加了两次会议就毅然决然地选择了离开。

当时我身边的朋友跟我分享了很多学生会的精彩生活，于是我产生了一个非常强的信念，就是一定要进入学生会，我觉得这是一个可以不断锻炼能力并且会让我产生成就感的地方。于是我下定决心，不达目标决不放弃。

那是我第一次鼓足勇气，毛遂自荐。

我知道能决定是否有机会加入学生会的关键人物是辅导员，而我并不是一个特别擅长社交的人，但为了要实现加入学生会的目标，我决定主动让辅导员看到我。于是，我决定毛遂自荐。那次我从寝室的大门走到辅导员的办公室门口，足足走了45分钟，那条路真的特别漫长，内心真的特别焦灼，很害怕辅导员会拒绝我，但我有个特点就是我想要达成的目标，我会逼着自己往前冲，无论多难多恐惧。

人生想要拿到结果，有时候只需要先让自己跨出第一步，仅此而已。

我对辅导员说："我很想为同学和老师尽一份绵薄之力、为大家服务。"整个过程内心很忐忑，但结果却很美好，辅导员听到后立刻笑着说："很好呀！下次有需要你的地方会第一时间找你。"就这一句话，开启了我进入学生会的大门。

王阳明说："志不立，天下无可成之事。"

当人有了志向，有了明确的目标，就离成功不远了。

因为我的"表白"让我拥有了展示才华的机会。在之后一年的学生会工作中，我以唱歌和主持的才华获得了很多关注。学生会的工作不仅为我提供了许多舞台，也让我拥有了丰富绚烂的大学生活。在第二年学生会干部选举中，凭借我出色的表现，全心全意为大家服务的心以及精彩的竞选演讲，我成功当选为学生会主席。同时，由于我热爱心理学，也曾经加入心理学的社团，并最终成为心理学社团的社长。这两个喜讯在同一天宣布，让我第一次感受到了"成功"的滋味。这是我在学习之外第一次通过自己的积极争取和努力获得的成功。

到了大三，我开始积极地寻找实习机会，为毕业后的工作做准备。我一直对自己的职业有着很高的期待，因为我认为人生只有3万多天，要让自己的人生体验丰富一点，才不枉来人世间走一遭。我非常喜欢尼采的一句名言："每个不曾起舞的日子都是对生命的一种辜负。"对我来说，工作是实现丰富人生体验的重要途径，我希望我的工作能让我充分感受到自己的成长。因此，当时我寻找实习机会的唯一标准就是能够给我带来充分的成长感。

或许一切是命运的安排。我找了几个实习机会，学校老师还帮我推荐到街道去做心理援助工作，虽然看起来都还不错，但我总觉得缺少激情。最终，当我面试到一家外资的猎头公司时，我的眼前一亮。整个面试过程都是全英文进行，面试我的老板说着一口流利的英文，给我留下了非常能干、雷厉风行、思维敏捷的印象，这也是我心目中精英的感觉。办公室看起来也非常高大上，我感受到了同频的磁场。于是，我充满期待地开启了我的猎头实习之旅。

就在我准备好好体验这份看起来既挑战又性感的工作的第5天，我居然被面试我的老板叫过去谈话了。她说："我认为你不是很适合我们的工作，如果今天出不了人，下周你不用再来了。"我一脸错愕。因为我对于这个结果感到非常诧异，我在这5天的实习中每天都全情投入，从不知道怎么拿到联系方式，到我结识了很多朋友并让他们帮我推荐候选人，就在我觉得马上要开花结果的时候，老板竟然让我走人。我回到座位上思考了许久，也百思不得其解。我不明白难道别人都是一打电话就会有人推荐靠谱的人吗？我想来想去觉得那是不可能的。我想一定是因为我有些地方做得不对，所以我需要再次为自己的人生努力和争取，于是我鼓足勇气跟我的主管说："我可以跟你聊一下吗？"

我向主管说明了我这5天做了些什么，同时我也诚恳地提出了一些我的问题。主管大概是被我一脸的真诚打动了，她开始转变语气,语重心长地对我说:"Nora,你看你来了5天,一个人也没推出来。同时,你也没有提供每天工作的总结报告。我既看不到你任何的结果展现,也不知道你每天在干什么。我不可能每天都盯着你的工作的。"她的这番话瞬间点醒了我,原来不是我能力有问题,而是我没给老板结果。在当时的我看来,只有当有合适的候选人时,才有必要把结果汇报给老板,否则就应该努力干活直到出现合适的人为止。通过这件事,我获得了两个经验,第一就是猎头这个行业非常结果导向,要么给人,要么给数据,没人也没数据那就可以走人了。第二就是不同位置的人是有不同视角的,要想更好地活下来,就要从老板的视角做事,理解老板的需求。

任何付出都会有收获的。因为这次的主动沟通,我获得了暂时被进一步观察的机会。于是我学乖了,从此以后,我每天向老板汇报我的工作进展、我的收获也包括我的困惑。就这样经过一段时间的努力,我在3个月里出了4个offer,当时我的顾问都笑开了花,觉得我真的太好用了,简直就是一匹黑马,招我进去的主管也感觉特别有面子。从此,我开启了我的猎头之路。

2. 放弃世界500强管培生Offer

> ① 每个人只有自己最了解自己，人生的重大选择必须"随心所欲"。
>
> ② 用心感受每一段经历，你才会离内心的距离越来越近。

第一次做猎头的实习经历虽然让我收获了不错的成就感，但是，我对工作的选择还是比较慎重的。从做猎头的经历中我学到了一个词"管培生（Management Trainee）"，这在我的概念里代表着优秀，我看到我的管培生候选人们工作后年薪起码20万~30万元，我感觉只有足够优秀的人才有机会拿到管培生的Offer。而且那时的我觉得自己还没看过世界，怎么知道什么是最适合自己的工作，我当时的名言就是：人生需要多多体验。所以我在大四的时候虽然依然干着猎头的工作，但我也开始积极投简历，参加各种面试。我当时特别想做快速消费品大厂里的品牌营销（Marketing）的管培生，猎头的工作让我接触了很多大厂的品牌营销和销售的人才，我觉得品牌营销的工作特别高大上，每天想策略，邀请明星拍大片，而且一毕业就月薪1万多，工作3年就能年薪30万元，无论是工作内容，从业人员素质，还是福利待遇都让人怦然心动，简直就是我理想的职业。我当时积极主动地投了联合利华的管培生，可结果却是石沉大海，杳无音讯，连面试的机会都没有拿到。

当然，作为有"小强"特质的我也没那么容易"认输"，我继续积极投递，终于在一番努力后得到了沃尔玛的管培生的面试机会。我记得那年上海下了大雪，我顶着鹅毛大雪，在冰天雪地里赶往沃尔玛参加管培生面试现场，我们经历了笔试、群面、一对一面试，几个环节下来感觉被扒了一层皮。终于，功夫不负有心人，经过我的出色表现，我拿到了沃尔玛HR管培生的Offer，这让我又一次欣喜若狂，对自己也很满意。不过，那时候我必须面临一个选择，就是我究竟继续做猎头还是去沃尔玛做管培生，当时猎头公司的老板显然是非常希望留住我的，向我多次伸出了橄榄枝。但我认真查了一下，发现沃尔玛当时居然是世界500强排名第一的公司，更关键的是我的Offer是HR的管培生，这意味着前途一片大好。我感觉无论如何不能错失如此优质的机会，所以我跟我当时的猎头老板提出了离职，同时也表示希望我以后可以成为猎头的候选人。当年11月，我带着饱满的热情，120分的认真努力开启了沃尔玛的管培生涯。入职后，我全面认识了HR的工作，员工入职、离职办理、招聘、培训等工作都全面接触起来，因为我的热情和认真，很快就和前辈们打成了一片，带我的主管和我们的HR负责人都很喜欢我，每次团建吃饭都带上我，可是我总觉得每天缺了点什么。由于我的工作效率非常高，所以经常没事可做，以至于后来我每天到办公室都主动地帮大家整理办公桌。因为在我看来，工作的时间就要充分体验，每一分钟都不能浪费。到现在我还记忆犹新的一件事是当时负责培训的主管让我批卷子，我集中火力2小时就批完了，那个主管非常惊讶，说他需要3天，我为什么可以这么快就做完了。实话说我也一脸蒙，我心想，就这点事情为什么你需要3天才能做完。因为我本来做过猎头，在老板看来，我是有招聘基础的，所以老板就让我独立负责招聘。我原本也信心满满地想着终于可以发挥我的招聘优势了，可到面试时我又蒙了。我之前做猎头面对的全都是年薪几十万的职场精英，但我在沃尔玛门店，来面试的都是超市营业员或者库管员（没有任何歧视的意思），我用猎头的那套面试方法提问时，把面试的人问得一头雾水。

那段时间我突然感到了认知失调，貌似这份工作并不是我以为得那么刺激，我每天上班就想着什么时候可以下班。这跟做猎头时的体验是非常不一样的，猎头每天一抬头感觉天都黑了，有种时光飞逝的感觉，工作节奏非常紧凑，虽然辛苦，但是我每天下班都觉得自己很有收获。而在管培生的实习中，我下班之后心里却是空空的，但想到这毕竟是世界500强排名第一的大厂，而且是我好不容易拿到的Offer，总还是要好好珍惜的，于是我不断调整着自己的预期，每天一如既往地积极工作。终于，我的工作出现了一些转折，

12月底，公司要举行年会了，HR负责人让我和工会主席一起去准备年会，那是我在沃尔玛实习中最开心的一段时间。工会主席让我出方案，写台词，编节目，这可是我最拿手的，我在做学生会主席的时候做过很多次类似的工作。第一天布置的任务，第二天我就出色地完成了，工会主席对我也是赞不绝口。我不但能策划，还能做主持、唱歌、协调节目，一个人可以当三个人用，那次年会在我的精心策划和主持下，取得了极大的成功，我也因此获得了大家的认可，无论是门店的总经理，还是华东区的负责人，甚至总部的领导都对我有了一些良好的印象。

  人的晋升或许就是因为抓住了一次机会。年会后我就被告知"我高升"了。我们门店的HR负责人欣喜地告诉我，过完年直接去华东区办公室上班，也让我好好珍惜机会，好好表现。那一刻我又一次欣喜若狂，觉得终于看到了新的希望，这让我想起了那些年薪几十万的管培生候选人们，我期待着大干一番。我满怀期待地开启了我的办公室之旅。我每天努力地搜集着各个门店的各种数据，学习用Excel做汇总整理和简单的分析，或者静候指令。但其实每天还是挺空闲的，以至于我内心依然很空虚，总感觉获得感不够，我总觉得这份工作貌似不太能让我拥有起舞的人生，但也不确定是不是我还不理解职场的真谛。直到有一天，我之前猎头公司的老板主动联系我约我吃饭，这让我瞬间有种受宠若惊的感觉。我满心欢喜地如期赴约，我感觉我和她有更多同频的磁场。吃饭的时候她认真地再次向我伸出了橄榄枝，告诉我她的团队规划，以及她对我的美好印象，并希望我回去同她一起并肩作战。那顿饭吃完我的心弦被拨动了，可是在我跟妈妈分享了我内心的波澜后，她却表现得非常不理解，这在她看来是完全不在考虑范围内的事情，一个是世界500强的管培生的工作，一个是要背指标的高压力工作。她认为有指标的带有销售性的工作是绝对的苦差事。而且十多年前，猎头这个工作是几乎没什么人知道的工作。妈妈看出了我想继续做猎头的想法，于是她调动了所有资源来帮我做思想工作，想尽一切办法说服我不要瞎折腾，好好做我的管培生。这是我人生一次很重大的选择，我花了足足1个多月的时间做了深度的思考，一方面是我内心的声音，做猎头每天带给我的充实感、满足感、成就感，当然也有很大的压力感。另一方面是我曾经一直向往的大厂的管培生，一份大家都认为很好的工作，但经过深思后，我觉得我没法违背我内心真实的声音，没法抑制我期待的"起舞"的每一天，没法压抑我对成长的需要。所以，我下定决心，要继续我起舞的人生，我非常坚定地告诉妈妈："妈妈，请尊重我的决定，我觉得我需要为我自己的人生负责，虽然我知道你很爱我，但我的人生我得自己做选择，我还是决定要做猎头。"最后，妈妈实在拗不过我，也只能尊重我的选择。当然她也真的是一位很开明的母亲。就这样，我正式踏上了我长达10多年的猎头之路。

3. 从0到100万元

> ① 要么不干，要干必须全力以赴拿结果。
> ② 方法一定比困难多。
> ③ 人如果没有获得结果，要么方向错了，要么努力还不到位。

我的人生信念是：要么不干，要干，必须全力以赴拿结果。

当我纠结了1个多月下定决心做猎头之后，我就全力以赴地开始投入新工作。当一个人有过比较，真正知道自己需要什么的时候，心也就定了，这次回归猎头的工作，没有了之前的浮躁感。之前没出去看过世界，对这个世界多少还是充满幻想和期待的，但这次的回归是我慎重思考后的决定。再者，这也是我的正式工作了，所以，我全情投入并重新找回了久违的充实感。邀请我回去的老板告诉我，从我们这届开始，公司也有了猎头管培生，我也是作为我们这届的管培生加入的猎头工作。我的老板特别有战略思维，她原本就是世界500强大厂市场总监转型来做猎头的,所以,她当时给我们团队做了业务划分,她是消费品行业的团队负责人,她把消费品按照品牌营销、销售这样的职能线划分,让我优先选择。人生真的就是每个选择的组合,其实这也是个挺难的选择,因为我在实习的时候两个职能都做过,并且两个职能我都出过Offer,只是销售的岗位我成功了3个,品牌营销的岗位只成功了1个。我深刻地知道这两个职能的操作难度可谓一个天一个地,和销售的人才打交道很爽,他们比较开放,乐于分享,也很愿意帮忙推荐。可是和品牌营销的人才打交道,难如登天,他们不是在开会就是在开会的路上,再不就是在做PPT,基本上能打通一个电话都非常不容易,更惨的是他们个个经验丰富,无论我把机会介绍得多么有吸引力,在他们看来都不值得一提,而且还特别挑剔,甚至冷漠。后来据他们自己爆料,每天都可以接到几十个猎头电话,所以对他们来说,猎头基本跟房产中介差不多,反正此刻拒绝了你,马上又有猎头来找。这些顶流快消行业大厂的品牌营销人才都是炙手可热的香饽饽,他们几乎都不缺机会。看到这里你是不是觉得我有点矫情,这还有什么好纠结的,肯定选择好出结果的销售岗位呀。但是当时我真的特别纠结,因为我发现虽然品牌营销的人才很难约上时间,但是这群人有很强的策略思考能力,特别会表达。每次只要能聊上,我总是能感受到一种强烈的兴奋感,哪怕候选人不看机会,我也会有强烈的获得感和启发感。这种感觉对我而言非常珍贵,也极度重要,有时候聊兴奋了,哪怕说服不了他们看新机会,我也能感受到那种兴奋感。而与销售人才虽然很容易打成一片，但在一些深度策略和情怀层面上，我感觉还是少了些意思。因此，经过再三考虑，我决定跟随内心满足自我成长感的需求，选择了品牌营销方向。当然，还有个私心，我真的很好奇品牌营销究竟是如何做的，毕竟我曾经一直梦想着成为品牌营销的管培生。虽然我做好了思想准备，清楚地知道这个方向的难度，但在实际落地时，我仍然感到焦虑万分。我努力地抓住每个愿意聊的候选人，不断突出职位的亮点，但最终的结果却是很多候选人一听到我提到的客户名字就直接拒绝，甚至不给我进一步解释的机会。经过我多次的努力，终于逮到了一两个"漏网之鱼"，花了九牛二虎之力才听到了候选人那一句：好吧，去看看吧。然而，当我将这些候选人推荐给老板时，得到的回应却是冷冷的一句："这个人不行，卖不掉，重新找。"那些时刻，我内心真的是感到失落，甚至愤怒。我觉得老板一句"不行，重新找"好轻巧啊，但她不知道我说服一个人需要花费多少心血，而她却连面都不面，直接拒绝。我一度怀疑老板是不是在考验我的耐心，这让我再次迷失了方向。而更惨的是我老板的风格是非常结果导向的，让我印象最深刻的就是，她经常在晚上5点的时候告诉我，今天必须找到2个人。每次听到这句话，我都能感受到自己血压瞬间升高。我非常希望自己能够做到，我不想再次经历被炒的感受。我既有对自己完成任务的要求，又有对被炒的恐惧，这两种感觉交织在一起的结果就是血压飙升。但我内心极强的好胜心和不服输的心态让我马达开足，想尽一切办法寻找解决方案。我做了全面的复盘，思考我的问题出在哪里。我始终认为要解决问题的第一步应该是先搞清楚问题是什么，才能对症下药。

我当时面临的核心问题有3个：

第一，客户对候选人要求特别苛刻，不但要有大厂背景，还要外表出众，稳定可靠；

第二，由于候选人的工作繁忙，经常难以联系上他们；

第三，候选人个个经验丰富，想要改变他们的想法几乎不太可能。

面对这3个核心问题，我开始思考解决方案。我当时的信念只有一个，只要想解决，办法一定比问题多。最终，我有了一些想法。我盘点了一下我手里的资源，大概有1000名候选人。但是都只有联系方式、名字等一些基本的信息，而且很多都是1~2年前的信息了。但是无论如何这些信息至少是我可以利用的线索。我相信，虽然客户的要求很高，但如果我能与这个行业中80%~90%的候选人进行沟通，我一定能找到符合客户标准的红花候选人。因此，我自己进行KPI拆解。我计算了与这1000名候选人进行沟通一共所需的时间，并将其分配到每天的工作量上。最终，我给自己定下了每天完成30个有效电话的KPI。我又信心满满地启动了我的轰炸式打电话模式。没想到，刚实践了几天问题就来了，我发现我每天其实完成不了30个电话，因为品牌营销人才的电话接通率很低。但我觉得既然是自己定好的目标，再难也得想办法完成。于是，我开始想办法优化我的时间。我发现采用找到一个候选人就立即联系的方式实际上很浪费时间，所以我做了一些调整。每天下班前，我会先准备一个包含60~100个人的名单，并计划在第二天一次性打电话联系他们。我发现上午9~10点、中午12~2点和晚上5~10点这三个时间段的接通率相对较高，所以，我决定将这些高质量的通话时间留给红花候选人，而其余时间则用于快速筛选。确定了这种工作方法后，每天早上9点一进公司，我就立即调整到电话状态，开始按照前一天晚上的名单一个接一个地进行电话沟通。通过这样的方式，我惊奇地发现离我每天30个电话的目标更近了一些。然而，另一个问题又出现了：我如何快速判断这个候选人是否值得我将最好的沟通时间留给他，并且如何能与候选人进行深入的沟通？如果沟通不够深入，一方面我无法判断他是否是红花候选人，另一方面我也无法说服他看我提供的机会。

我想我必须找到一套能够快速判断和进行深度沟通的方法，这样才能确保把有限的黄金时间用在刀刃上。我认为当一个人真心想解决问题的时候，老天也一定会为你打开一扇窗。我发现这些品牌营销的人才个个口若悬河，一开始我经常陷入与他们的博弈中。尽管有时候我都被我自己的口才折服，但问题是我依然无法说服他们看机会，所以无法取得实质性的结果。即使说得再好，也是徒劳无功。

我本科学的是应用心理学，而且我真的非常喜欢心理学。我认为心理学能够让我更好地理解人，有了理解就不容易陷入困惑和消极情绪中。因此，毕业后我立即报考了国家二级心理咨询师资格考试，这样我每周还能继续学习心理学课程，并且需要学习实战心理咨询技术。有一天，我突然想到可以尝试着用心理咨询的技术与候选人进行沟通，既然那些候选人善于表达，那我就让他们多说，充分接纳他们，认真倾听他们的想法，并给予足够的共情。我想，通过这样的方式，或许可以提高成功率。

解决问题的过程就是不断进行假设检验的过程。当我开始运用心理咨询的沟通技巧后，就像一只笼子里的小白鼠经过苦苦寻找，终于碰到了一个食物的开关一样，我开始得到了正向的反馈。当我不再依靠输出观点与候选人辩论的时候，当我认真倾听深度理解他们的想法的时候，我发现了很多改变他们认知的机会点。例如，当候选人拒绝我的理由是因为他们觉得这个品牌不够吸引人时，我会引导他重新思考他选择机会时到底看中什么，让他想清楚品牌的吸引力与他的职业发展究竟有何关系。通过这样的方式，我获得了一些扭转候选人想法的成功案例。因此，每当我的老板让我必须给出2个候选人时，我几乎每次都能做到。

那段时间，因为我给自己设定的时间安排，几乎是拆解到分钟来安排工作的，我成了工作最卖力的"卷王"。每天9点到公司，晚上10点离开，中午15分钟吃饭，吃完饭立刻干活，不但与我同期的管培生们觉得受不了，甚至其他组的老板都看不下去了。他们语重心长地告诉我："Nora，不要那么拼命，也不要那么着急，慢慢来"。但是，当我想清楚了我要什么，以及我要完成什么目标的时候，其他人说什么对我来说都不重要，也影响不了我。

看着这么努力的我，你有没有被感动到？其实当时我都快被自己的努力感动了。可是，只是感动了自己，却没能感动到老天，第一个季度结束了，我一单也没成功。足足3个月，每天雷打不动13小时的工作，甚至有时周末还会加个班，但我依然没有开单。如果是你，你还会坚持吗？

有时候，我也会有失落，但是我始终相信正确的方向加上足够的努力是一定可以有结果的。因为我很喜欢和候选人交流，所以每天都获得感满满。我尽可能地做好每次沟通，哪怕不看机会也想办法让他帮我推荐人，哪怕他不肯推荐人给我，我也要让他对我留下深刻印象。

人如果没有获得结果，要么方向错了，要么努力还不到位。我坚信我的方向一定是正确的，只要我带着享受的心情继续努力，一定会获得结果。功夫不负有心人。在我熬过了前三个月的静默期之后，第四个月终于等来了喜讯。有一天，我的老板特别开心地告诉我："Nora，客户要Offer了。"那一刻，我真的欣喜若狂。更令人兴奋的是，没过几天，我的老板又告诉我另一个客户也准备Offer了。我仿佛迎来了连续获得Offer的"开挂"时刻。最终，在第二季度，我帮助我的老板完成了100多万元的业绩。我成为Top Researcher，而我的老板则成为Top Consultant。那个季度，我获得了人生中的第一桶金，拿到了10万元的奖金。对于当时月薪只有4000元的我来说，简直就是一笔巨款。从此，我的猎头生涯找到了方向。

我当初的选择是正确的，因为这份工作不仅让我每天都充满获得感和成长感，而且我的努力也得到了相匹配的收益。这让我相信在世界上，真的存在多劳多得的工作。因此，我对我选择的猎头之路更加坚定。

二
突破自我：不断历练成长

1. 高成功率的谈判是怎样炼成的

> ① 人生走过的每一步都作数。
> ② 谈判的最高境界就是心态的博弈。
> ③ 谈 Offer 前必须做好风险把控，且必须前置风险把控。

要成为一个优秀猎头是需要过五关斩六将的，而且这当中每个环节又是环环相扣。从寻访候选人、判断人选质量，到沟通说服和 Offer 谈判，再到入职跟进，猎头在每个环节都必须做到极致才有机会实现稳定的交付表现。因此，一个优秀的猎头需要具备全面的综合素质，且在每个方面都要达到标准。

当我成功通过了寻访、判断和沟通说服等环节之后，我便以连续四个季度 Top Researcher 的优异成绩成为我们那届管培生中最快晋升为 360 顾问 的新起之秀。

那次的晋升演讲至今仍历历在目。当时，要晋升是一项非常有挑战的任务。除了需要老板提名和提供业绩证明外，还需要作晋升演讲。只有在获得各大团队负责人的一致通过后，才能成功晋升。在做演讲那天，我走进会场时内心非常忐忑不安。毕竟，全公司的十多个团队负责人、总经理以及亚太区的研究负责人都在场。而我的演讲需要说服他们，让他们相信我是完全有能力做好360顾问工作的。

这里我不得不说一句，人生走过的每一步都作数。大学时代学生会的经历给了我极大的信心。在大学期间，我几乎每天都要进行公开演讲，这使我在演讲表现力和内容展现力方面积累了丰富的经验。我清楚地记得那次演讲结束时，会场响起了热烈的掌声，我看到我的老板脸上洋溢着满意的笑容。我当然也陶醉在那种被欣赏的氛围中。离开会场时，总经理和几个部门的负责人都跟我说："你真棒，加油！"他们鼓励的话语和坚定的眼神，对于初出茅庐的我来说饱含巨大的力量。我深信我一定就是猎头行业的天选之人。

然而，舞台总是带有几分虚幻的色彩。当我真正工作的时候，我发现任何一件事都是一波三折，或许这也就是所谓的"好事多磨"吧。我独立开展的第一个案子就是一个地狱级难度的单子。客户的要求非常高，而他们的公司在人才市场中却"臭名昭著"。了解情况的候选人根本不会考虑他们的职位。我努力地找了300多个目标人选，最终客户却只看中了一个人。在我不懈地努力下，我终于走到了最后一步。我觉得如果这个候选人不去，我真的找不到其他人了。因此，我格外地小心谨慎，期盼着一切能顺利落地。

人生很多时候就像流沙一样，越是在意，握得越紧，越容易失去。

这个案子至今让我记忆犹新，它让我经历了人生的第一次失眠。在被告知要发Offer的那天，我满怀期待地告诉候选人这个好消息。然而，换来的却是候选人冷漠的一句回应。她说："不错啊。不过，Nora，我可能需要考虑一下再回复你。我手上还有个机会也出了Offer了，我需要比较一下。"那一刹，我的心从炙热一下子跌到冰点。我完全没有预料到会出现这样的情况，本来还在计划着庆功宴，却突然遇到了这样的意外。然而，作为有点经验的我本能地安排了第二天与她见面，希望能够进一步沟通。

怀着一定要搞定的信念和不确定她会如何选择的忐忑，我自导自演、自我对话了一晚上。我不断在脑海中重复地演练着各种情景，思考她可能会怎么说，我应该如何回应。一遍又一遍，我不断地思考和调整，直到我理清了思路，把自己都给说服了。到最后，我甚至觉得如果我是候选人的话，我也已经无力反驳了。当我回过神来，一看窗外，天已经亮了。

我们见面的时刻到了，这是决定胜负的关键时刻。那是个有着阳光的午后，候选人很准时地出现，我们寒暄了一会儿，没过多久，候选人就开始切入正题。当听到她提出的顾虑时，我却非常高兴。因为她提出的每一个顾虑，我都预想到并且准备好了如何回应。她提出一个，我回答一个。就这样，她的顾虑都说完了，我也对她的每个顾虑都给出了完美的回应，说到她哑口无言。我满怀期待地等待着那句话:"好吧。Nora,那我接受这个机会。"

人生总是充满戏剧性,才会变得精彩,不是吗?

她沉默了一会儿,略带一丝抱歉地跟我说了句:"Nora,真的非常感谢你的推荐和今天的分享,这个机会的确是蛮好的,只是我已经决定接受另外一个Offer了,实在不好意思。"听到这句话,我真的希望这一切都不是真的。可是事实就是事实。她把我们咖啡的钱付了,我知道她去意已决。那一刻简直是晴天霹雳,我感觉脑海中响起了一阵嗡嗡声。但是,人生嘛,各种场景都需要体验一下,才更加丰富。我内心流着泪水,脸上无奈地苦笑了一下,落寞地回去了。

回家之后我思索了良久,我实在不明白究竟问题出在哪里。感觉整个过程中,我把该想的不该想的都想到了,该说的不该说的好像也都说了。但为什么没起到作用呢?我把整个过程复盘了好几天。最后,我瞬间醍醐灌顶,得到了两个重要启示。这两个启示成为我后来Offer谈判方法论的基础。

第一个重要启示:谈判的最高境界就是心态的博弈。

我当时太渴望她接这个Offer了,这种渴望渗透在每句话中。表现就是,她当时说的是什么,我都没有特别在意。我只在意她提出的顾虑是不是我想到的,我应该如何针对她提出的顾虑做出回应来说服她。其实,当我在以"完美"的方式说服她的时候,我已经"失去"了她。所以,谈判时的心态格外重要,但如何做到空谷心态?

用古人的智慧就叫作"无我利他"。用王阳明先生《致良知》里的话来说就是：去人欲，存天理。

其实所有谈判，心态特别重要。平等的心态会让你更客观，也能让你的情绪更稳定。现在回想起来，我第一次进行Offer谈判的时候，我的位置是低的。某种程度上来说，我有种求着候选人的感觉。

第二个重要启示：谈Offer前必须做好风险把控，且必须前置风险把控。 回想起来，当时候选人来见我的时候，她的心里已经有了决定。一个人做决定的时候是有决策成本的，因为大脑特别懒惰，能不动就不动。所以，当一个人作出了决定，想要再改变就会非常困难。因此，我得出了一个至关重要的结论就是风险把控是需要前置的。甚至应该在断定候选人是"红花"的第一时间就应该开始做风险把控。否则，就丧失了主动权，只有被通知的命运了。

从此以后，每当我谈Offer时，无论我想了多少说服对方的完美理由，在我开始谈判之前，我都会告诉自己"放空"。不要有任何的预设，认真听对方讲，弄清楚他究竟在想什么，他要什么。并且告诉自己，我是他的顾问，我们并不是对立博弈的关系。我是他的战友，我的职责是为他寻找当下的最优解，帮助她实现更好的发展。当我意识到这些之后，我就不再感到急躁和紧张。我会像朋友那样自然、有亲和力，努力让他感到我是一个可信赖、可依靠的人。同时，我也不断尝试前置风险把控。我找到了一套方法，即在没有得到候选人的承诺之前，我不会透露具体的Offer内容。因此，就很少会出现候选人对薪资不满意或像买菜一样讨价还价的情况。

虽然我的第一次谈判经历是痛苦的，但是塞翁失马焉知非福。我用一次失败的Offer谈判经历换来了两个核心心法，这两个核心心法也帮助我掌握了一项猎头的核心技能。之后，每次当我面对Offer谈判的时候，我都能做到胸有成竹，步步为营。我也实现了一个新的奇迹，就是无论我碰到怎样难谈的Offer，我几乎都能顺利落地，收到回款。

我粗略统计了一下，这么多年来，成功的Offer加起来能有200多个。但是没成功的数量不到10个。其中，我记得大概有五六个是因为一些不可抗力因素，比如候选人入职体检发现意外怀孕，或者入职当天候选人的母亲进了ICU病房，这些情况实在是运气不好。但人生中总会有一些运气的因素存在。作为专业的猎头，我们需要努力将运气的成分控制在10%~20%以内，否则如何以此为生呢？

而且我总结出来的这套Offer谈判心法不仅适用于我自己，就连大学刚毕业的新人或者转行做猎头的人也能够从中受益。使用这套心法后，他们的谈判成功率从之前的谈一次失败一次，到后来成功率可以到达80%以上。因此，Offer谈判并非只依赖于烧香拜佛，而是有科学的方法可以帮助我们增加谈判的确定性。

任何事情只要找到了它的规律就会越来越顺利。

2. 跳槽后第六个月完成百万业绩

> ① 想，都是问题；做，才有答案。定好目标，就全力以赴，努力去实现它。
>
> ② 人生不要给自己设限。只要足够坚定地想要，一切奇迹都会发生。正所谓"大力出奇迹"。
>
> ③ 不到最后一刻永远不要放弃。哪怕整盘棋看起来已经七零八落，仍要保持良好的心态，认真思考。或许就因为走对了关键的一步路，说对了关键的一句话，一切又有可能翻盘。

在第一家猎头公司历练了3年后，我成功地完成了猎头工作的每个环节，并持续保持着稳定的业绩。就在这时候，我被"盯上"了。有一次，我接到一个同行的电话，他告诉我他们公司的总经理想要认识我一下。可我在当前公司作为管培生，老板很器重我，而且工作也很顺利，我从没想过要跳槽，动机实在不足。

然而，我发现所有优秀的猎头都有一个共同的特点，那就是不达目标决不放弃。有一天，那个猎头再次给打电话，告诉我他的老板正在我们公司楼下，希望我能下楼和他们喝杯咖啡认识一下。作为一个工作了3年的小猎头，第一次被人挖，我感觉到了满满的诚意。虽然我并没有考虑跳槽，但我认为至少可以和他们交个朋友，所以我决定去和他们见一面。一个人对结果的坚持不懈和积极主动往往是让人无法拒绝的，只是很多时候我们没有那么坚定而已。

与他们交谈后，我觉得这家公司非常有趣。他们对猎头行业有着独特的理解和想法。在那段时间，我在原来的公司一切都好，但我一直在思考猎头工作如何能够有所突破。我有一种感觉，认为猎头的工作应该更有趣，能够创造更高的价值，而不仅仅是一个"人口买卖"的工具。尽管我与每个客户和候选人都有过深入的沟通、彼此相互信任，但是总觉得猎头的工作还是缺少某种东西，但当时的我还无法具体说明，只是有这种感觉。

当我见到新公司创始人时，我再次产生了"脑风暴"，这是我第一次与其他猎头同行产生这种感觉。因为在过去3年里，我几乎所有的时间都花在为客户和候选服务上，这是我第一次与我们公司以外的猎头交流。

那是一个寒冷的冬天，我去了他们的办公室，一见面就颠覆了我许多的认知。这位创始人的风格与我所熟悉的猎头风格大相径庭，他留着大胡子，穿着便装，更像是一个互联网人，而不是一个精致的猎头。但我们聊了一会儿，我就被他打动了。我记得当时他不仅仅向我分享了他对猎头工作的理解，还有很多他对商业的理解。我发现自己好像天然地对商业非常感兴趣，每次与候选人聊得很高兴时，大部分也是因为他们跟我聊的是商业或者营销的话题。那天的交谈给我留下了深刻的印象，实话说是被他的认知和真诚所吸引。我是一个简单且真实的人，我也喜欢真实的人。然而，尽管我对他的见解和交流非常赞赏和感激，但我仍然缺乏离职的动力。最终，我还是拒绝了他的邀请。但这次见面让我有了很多新的视角，我开始思考如何做一个更有趣、更有价值的猎头。

  过了一段时间，春暖花开的时候，我又一次接到了那个创始人的电话。他说他要带我去见一家民营企业的老板，让我见识下什么是真正的猎头，看看他是如何做商务拓展的。实话实说，我还蛮兴奋和期待的。我这3年来从来没和民企打过交道，对接的也都是人力资源，也没直接接触过企业的老板。所以，我欣然地接受了学习的机会。那次学习也给我留下了深刻的印象。我目睹了他在饭桌上如何成功地与一个大规模民营企业老板进行交流，他依靠的不是茅台酒，而是他对商业的深刻理解。在那一刻，我意识到了自己的问题和差距，我突然发现自己很无知，仅存的一丝优越感瞬间被击穿了。所以，一个人无论何时何地都需要保持谦卑，不要自以为是。世界是如此之大，而我们的认知可能只是一粒尘埃。我们应该保持开放的心态，多听、多学、多思考。

  不久之后，他们又邀请我去他们在深圳的总部学习参观。当我登上飞机的一刹那，我感觉我动心了。我们都说一个人离职有两个因素，一个是"推"（Push）的力量，即离开原来公司的理由，另一个是"拉"（Pull）的力量，即新公司的吸引力。显然，当一个人感到自己的认知被碾压时，这股"拉"的力量就会变得非常强大。那次深圳之旅也是收获满满，我看到了他们的务实、真实、有思考力和真诚。这些对我来说非常有吸引力。当然，最关键的还是老板对我的认知碾压，让我深感崇拜和向往，我很想好好学习一下。所以，我接受了他们的Offer，开启了我人生中的第一次跳槽，也开启了我的拓荒之旅。

我以最饱满的热情，最谦卑的心态开始了我的第二段工作。当时我们办公室只有四个人，资源非常匮乏，有的只是我们坚定不移追求结果的心。我给自己设定了一个非常极致的目标，我希望我在半年内实现100万元的业绩。我发现自己是一个敢于设定目标的人。那时候，能够在一年内实现百万都是很不错的业绩表现，我也不知道自己当时哪来的勇气，或许是我对未来充满希望，觉得自己有很多创造和改变的机会吧。

然而，当我准备将目标落地时，我却感到有点心虚了。我盘点了一下自己的资源，突然发现我好像没有任何优势。在之前的三年里，我一直服务的是世界500强的大外企，而我现在负责的职位年薪都在50万元左右。如果要在半年内实现100万元的业绩，我将面临两个巨大的挑战。首先，大外企的开发周期是相对较长的，之前我都是一个个骨头啃出来的，这至少需要大几个月的时间。其次，我的客单价平均在10万元左右，也就是说我需要在半年内完成10个单子才能实现目标,然而,这家公司几乎没有这样的客户资源。这对于已经在这个领域深耕了三年的我来说,我很清楚这条路是行不通的。

于是,经过一番深度思考后,我作出了一个重大的战略调整。我找到我和新公司的交集,并决定把大外资公司的市场总监(CMO)人才推荐给有实力的民营企业。这些候选人的年薪通常至少是百万级别,这意味着每成功推荐一个人,我就可以获得大约20万~30万元的收益。我认为在半年完成3~4单是有可能的。

制定战略的时候,我感到非常兴奋和满足,但是一开始实施,问题就接踵而至。

对于一个只有三年工作经验的我来说,直接去与那些比我大十几岁的大公司的CMO打交道还是非常有挑战的,而且那些大公司的品牌人才都是厉害的角色,他们思想深邃,口齿伶俐,气场强大。更糟糕的是,我当时没有太多的客户,这意味着我必须从这些候选人那里获得咨询,然后进一步开发客户,从而反推候选人。

不过,我所有的人生经历都告诉我一件事,那就是:**想,都是问题;做,才有答案。定好目标,就全力以赴,努力去实现它。**

于是,我制定了一个大胆的计划。我打算每周与10个市场总监见面,并想办法与他们进行一些深入的沟通。那段时间我从早到晚,没日没夜地抓住一切机会与他们见面、沟通。我感觉那时候的我,比之前每天打13个小时电话时的我更努力。有几次,候选人都被我的努力感动了。曾经有一个候选人在办公室门口等我时,看我还在和上一个候选人沟通，便主动给我买了晚餐。不得不说那时候的我体力是真的很好。那段时间我的成长速度可以用飞速来形容，我感觉每天我的认知水平都在全面地提升。

从与第一个候选人沟通时七上八下的忐忑感到后来有位CMO说我看起来很年轻，但是沟通表达方式非常的成熟，感觉超越了我的年龄。你是不是想知道我是如何做到的？这里先揭个秘，我使用的就是我创立的那套心理咨询技术。在本书中篇，我会详细分享我是如何做到的，也就是我现在独创的教练式猎头沟通技术。

我就这样每周坚持10个人的深度见面沟通。时间一晃，5个月过去了，作为猎头我非常清楚游戏规则，虽然老板曾经说过可以多给我一点时间，毕竟刚开始拓荒。但作为对自己有严格要求的人，这是我不太能够接受的。虽然我有些焦虑，但我依然相信只要在正确的方向上努力，一定会迎来盛开的一天。

果不其然，在第五个月的下半场，我迎来了令人激动的一天。那天，我有两个大单同时出Offer了，一个一百万年薪，一个两百万年薪。如果这两单要是都成功了，我就可以完成将近70万元的业绩了。不过这两个大单却让我经历了人生第二次彻底失眠，并且还是两个晚上。

事实上，那两个Offer也是真的特别艰难。毕竟是把大外资企业的人才推荐到民企，这是两种不同的文化土壤，所以候选人会有各种顾虑和迟疑。但是，人的潜力真的是无限大，我鼓足了勇气。我要尽人事，才甘心听天命。我知道锻炼我的机会又来了，想着我离半年百万业绩的目标只有一步之遥时,我就像打了鸡血一样,信心满满,向着目标结果奋进。

阿甘说:"生活就像一盒巧克力,你永远不知道下一颗会是什么味道。"这也许就是生活的滋味和乐趣吧。

通过我积极的努力,你知道结果是什么吗?一个拒绝了我,说准备自主创业。另一个直接失踪了,怎么都联系不上。那段时间我真的非常煎熬,一方面充满着对于山花烂漫的期待和美好憧憬,一方面问题百出,心情就像过山车,起伏到要崩溃。不过好在我的专业是心理学,情绪的自我调节能力还是非常强的。我很快就把情绪处理好,可以冷静、理智地想解决方案了。我靠着坚定的信念以及千锤百炼的教练式沟通技术,最终,我把他们两个都谈妥了。本来说要去创业的那个候选人决定先去上班。另外那个玩失踪的候选人,最终也以薪资涨幅高达200%的条件接受了Offer。这两场硬仗打下来,我的各方面能力至少提升了三个档次,无论是我的沟通技术、Offer谈判技术,还是我的心态都得到了全面的进步,这也就是为什么我现在的沟通技术,谈判技术和心态会让大家觉得很扎实的原因,这都是一场场硬仗沉淀下来的财富。

当然,老天还是眷顾不懈努力的人。在第六个月的时候,我又完成了另一个百万元的大单,最终我也顺利地实现了当时给自己设定的目标。

这段经历让我产生了两个很重要的感悟:

第一,人生不要给自己设限,只要足够坚定地想要,一切奇迹都会发生，所谓"大力出奇迹"；

第二，不到最后一刻永远不要放弃，哪怕整盘棋看起来已经七零八落，仍要保持良好的心态，认真思考，或许就因为走对了关键一步路，说对了关键一句话，一切又有可能翻盘。

3. 工作的第六年，我实现了年入百万

> ① 一个人可以走很快，一群人可以走更远。
> ② 内心有憧憬就有动力，生命就会不断地绽放。

我的主旋律：爱折腾。

我的信念：生如夏花般灿烂。

猎头这份工作真的很有魅力，这是一份不设限的工作，只要你愿意挑战自我，无论年龄、背景、出身，你都可以获得相应的回报。这样的工作不仅让人充满自主感，还可以拥有无限的想象空间。

通过前几年的努力和折腾，我的人生终于进入了平缓期。我成为稳定的百万顾问，年入三四十万元，晋升成为团队负责人，开始培养新人。当时的老板认为我每年可以贡献百万业绩，还能带领一个团队，他对我的表现非常满意。我的人生进入另一个阶段，我从一个女孩变成了人妻，一切看起来都非常完美，但我的内心一直有一个声音告诉我：猎头可以做得更有趣，还可以创造更多的价值，

只是当时的我还没有想好如何创造。

或许是因为知道我喜欢刺激的人生吧，老天总喜欢给我一些惊喜和惊吓。就在我怀孕大概3个月的时候，我的前老板来找我说他准备要创业了，她问我要不要加入。听到这个消息的时候，其实我的心弦瞬间就被拨动了。但是，那时的我，无论是从身体上还是心理上似乎都没有做好创业的准备，所以我拒绝了她的邀请。

我不得不说，任何一个优秀的猎头都具有不达目的誓不罢休的品质。我的前老板坚定地相信我是一个可以一起赚钱，一起拿结果的人，所以她开始使用一位老猎头的专业技术来"攻"我。当然在我心里，爱折腾的基因也从未消失过，所以在她的强势猛攻和我内心的声音的合力下，我作出了令我自己都很震惊的决定。我决定生完孩子就加入她的创业团队。

当时我带的两个实习生也坚定地支持我去创业，他们说我去哪里，他们就跟去哪里。结果，当我还在休产假的时候，我的两个小朋友就已经在我的创业公司开始干活了。我深刻地感觉到，人要结善缘，才能有善果。我一直有个信念，就是我要帮助每个信任我的伙伴成长。所以哪怕是实习生，我也会很用心地教他们。我希望我可以帮助他们在认知和技能上都获得提升。也正是这份善缘，为我后面的快速崛起奠定了重要的基础。毕竟一个人可以走很快，一群人可以走更远。

内心有憧憬就有动力，生命就会不断地绽放。

人发自内心的热爱，那种力量是无法阻挡的。我休完产假回公司上班的第一天就提出了离职。什么哺乳假,都不需要了,我一天都不能耽搁,因为我的梦想、我的伙伴们在召唤我。

到达创业公司的第一天,我便把经过我深思熟虑的一整套战略方案在公司内进行了分享。那天我足足讲了3个小时,当时正好有一位创始人的猎头老板朋友来我们公司拜访,他一直等在门口,我的分享结束后,他很震惊。他问创始人是怎么找到我这么优秀的员工的。创始人笑着说:"这不是员工,这是我们的联合创始人。"就这样,我们一路高歌猛进,气势恢宏地开启了猎头的创业之路。

再美好的战略在残酷的现实前都是要经受一些考验的。

虽然我的战略让大家大为惊叹,但是一到落地的时候却是各种拧巴。当时我们最大的分歧就是究竟是有什么就做什么,还是按照我的战略,有选择地做。因为大家在行业里都积累了不少资源,很多客户一看到我们创业,也纷纷表示愿意支持,他们公司的各种职位都可以交给我们。但我过去的经验和我对战略的思考使我认为,我们一定要有我们自己的主战场,并且我坚定地认为我们要聚焦,只做我们擅长的。可是在公司初创阶段,我们真金白银地投入了100万元,无论从什么角度上看,都是应该快点赚钱的。但是,战略的价值也在这里,我们要懂得取舍,什么都想要,往往什么都抓不住。我考虑再三,最终还是坚定地坚持我自己的战略,聚焦做我们擅长的领域,不断做细分拆解。虽然创始团队并不完全认同我的观点,但他们看我那么坚定也就同意了。

这是我第一次带团队来验证我的想法,实话实说还是非常有压力的,我是一个不愿意辜负任何人的人。我以前做出的重大决定通常只有我自己承担后果,无论是好是坏,我都能独自面对。然而,现在有一支信任我的创始团队,这不免让我感到了更多的忐忑。但创业者,必须要有魄力。在作出决定之前,我需要深思熟虑。但一旦下定决心,往往就是闭上眼睛,迈出坚定的步伐,全力以赴的事。

当我确定了聚焦的战略后,团队成员们似乎一下子有了更强的业务凝聚力,感觉大家都看到了清晰的方向。当然,我也给大家做了一个矩阵的战略规划。我负责市场总监的职位,并把团队成员按照品牌线、产品线、洞察线、媒介线进行划分。之后我们在各自的方向上开始全面积累候选人,同时与候选人们保持着深度的沟通交流。我除了继续深耕百万年薪的品牌总监外,也会花更多时间把各种技术全面复制给团队的小伙伴们。当小伙伴们从刚开始拿起电话不断地心理反刍,到后来个个沟通顺畅甚至要转介绍时都是淡定自如。他们那份娴熟从容,我看着听着都觉得好欣慰。

但猎头的工作必须要经过一道道的关,才能实现真正的独立自主。终于小伙伴们也开始迎来了Offer的喜讯,但是他们却遇到了从欣喜若狂到一蹶不振的经历,因为客户愿意发Offer的候选人的手上一般都有好几个机会,刚刚入行的他们并不知道如何处理这种情况,为了让他们得到锻炼,我当时故意让他们自己去谈、去体验。作为投入真金白银的股东,我当然也希望他们尽快赚钱,我的合伙人天天盯着我要我自己去搞定，但我依然坚持让他们自己去谈。这并不是我懒，而是我觉得相比于快速获得短期的现金流，我更希望我的顾问们是真正地掌握了核心技术，但人往往不经历痛苦就难以真正成长，所以我眼睁睁地看着他们体验了几次"煮熟的鸭子飞走了"的状态。虽然我也非常心痛，但是这是带领团队成长必须要付出的代价和成本。我认为一个好老板不但要授人以鱼更要授人以渔。

在他们感到无计可施的时候，我开始了悉心的Offer谈判技巧的讲解。我带着他们去谈判，每次的谈判可能只需要1个小时，但候选人走后我要花3个多小时向我的顾问讲解其中的各种门道。在这样的实战加深度剖析的培养下，他们成长非常迅速。

就这样慢慢地，我成为Offer谈判讲解师。每次Offer谈判前，我都会详细地向他们讲解如何把控难点、要点，这个过程对我的要求非常高，我不但要把控这个Offer的节奏，还要管理顾问的情绪，以他们能接受的方式进行阐述。

我记得有一次，一个Offer需要候选人降职，原本面试的时候是高级经理，但是最终Offer只能给经理，而且薪资也要降，从70万元降到65万元。尽管我向负责这个案子的顾问讲了很多的方法，结果当我看到她一脸的沮丧时，我就知道她什么都没听进去，这时候我必须先照顾她的情绪，因为她也是同理心特别强的风格，她本能地认为这样的Offer是不够好的，所以她已经开始抗拒了，这种情况有再多的谈判技术都没有用，因为顾问本身就不认同。因此我需要先帮她调整好状态，并且还需要预想到候选人听到这个消息时的反应，并告诉顾问应该如何应对。在我的悉心教导以及顾问极强的落地执行能力加持下，我们把这困难的Offer也成功谈了下来。

我以每次都需要3~5小时Offer讲解的方式帮助我们的顾问们成长，我们取得了一场又一场的胜利，拿到了一个又一个的Offer，之前的颓势也逐渐扭转了过来。最终，团队小伙伴们都能独立谈判了，并且成功率高达80%以上。

有了明确的方向、有效的方法和积极的反馈，伙伴们每天更是动力满满地拼命干活。我们坚定方向，心无旁骛地埋头苦干了3个多月，成效也显现了出来。我成功地完成了我的第一个250万元的大单和第二个100万元的大单，同时我的团队成员们也陆续出现了Offer。

一个好的老板需要视人为人，骨子里是真的愿意帮助团队成长的。只有这样，团队才能越来越强。所以我培养出来的团队不单"骁勇善战"，而且还有情有义。

回想起那段时间，我感觉到非常幸福。我们有清晰的目标、有明确的方向，还有惺惺相惜的团队全力支持。

有了明确的战略方向和拧成一股绳的凝聚力，就没有做不到的事情。在我们齐心协力的努力下，第一年就实现了千万元的营收。那年我成功谈下了10多个市场总监的Offer，平均每单收费在20万~30万元左右，我的团队也培养出了百万顾问，人均单产也差不多80万~90万元。我也因此在我工作的第六年，实现了年入百万的梦想。

因为梦想而奋斗，因为认同而相聚。实现了我一直的期待，即有自己热爱且擅长的事情，有一群志同道合的伙伴，实现了些许的财富积累。那段时间确实让我感到特别快乐和满足。这让我想起了巴菲特每天跳着踢踏舞进办公室的状态，我想我体会到了类似的感觉。

三
逆风翻盘：两次创业的蜕变

1. "净身出户"

> ① 创业就是创造的过程，遵从内心的信念才可能实现真正高价值的创造。
>
> ② 猎头的真正价值绝非是做简单的一次性买卖，而是要做人才的职场咨询师和经纪人，做企业的人才战略共创伙伴。

我的第一次创业整体来说还是取到了不错的成果。我实现了个人业绩连续多年200万元以上，团队人均单产也稳定在90万元左右，团队的稳定性非常高，培养出了一些百万顾问，我们的利润也不错。而且我也终于不用那么辛苦了，日子过得非常悠闲，甚至都遭到了客户的嫉妒。看到这里，你是不是感觉我的人生和事业已经非常美满了。不过我相信善于洞察的你，或多或少是能猜到我后面的一些选择的。

对，没错。我就是那种需要不断挑战、不断成长、不断迭代优化的人，我好像无法接受平淡的生活。

任何事物的发展都是从刚开始的迷茫、泥泞坎坷、不断升级打怪，提升技能，再到平稳发展的。我发现了自己的一个很有趣的循环规律，每次一旦我的能力提升了，进入平稳状态，我就又想要折腾了。可能在我的脑海里总有一个信念：人无远虑，必有近忧。

时间来到了2019年，这是非常不平凡的一年。随着业绩和团队方法的逐步稳定，我们在行业里也做出了一些名气，客户越来越多。我们需要快速扩充团队，便开始了行业招聘，我们启动了帮猎头公司找猎头的工作。我们找了好多行业里的百万顾问，但实践下来却发现出现了很大的问题。行业里所谓的百万顾问到我们这里后效果不太理想，别说开单了，有些还会和候选人直接闹掰。你或许会好奇这是为什么，难道我们公司有毒吗？其实关键原因是我们做的这个领域的难度是地狱级的。我们的客户都是第一批就开始用猎头的，猎头存在了多久他们就用了多久的猎头，所以他们对猎头的要求非常高，一般的候选人他们压根看不上。而我们的候选人又都是每届应届生中的佼佼者，这群集智商、情商、逆商于一身的人，才能成为这些顶流大厂里的品牌营销人才，而且这些人才在公司里还手握大权。所以无论是客户还是候选人都非常不好伺候，因此，专注做这个领域的猎头屈指可数，而且像我们这样做得如此有深度、如此聚焦的猎头公司几乎没有，所以我们只能扩大行业范围来寻找。而在过去10多年，有不少快速兴起的行业在猎头领域吃到了一大波红利，比如互联网、电商、大健康等。在红利时期，交付难度小，所以相对而言更容易成为百万顾问，但他们进入我们的领域想要取得成果，如果专业打法不够是没办法生存下来的。

其他行业的百万顾问来到我们公司同样需要从头培养，我们无法享受"拿来主义"。遇到这种情况，我犯难了。因为公司要发展就要进行规模化的扩张，但顾问资源不够，而我自己手把手地培养，不但需要周期（我们这个领域的猎头需要内外兼修），更关键的是我一次能培养的数量也是有限的。你可能会问，为什么一定要扩张，稳定地过着不是挺好吗？但在我看来，商业世界如逆水行舟，不进则退。而且我希望我们团队的小伙伴们是可以持续不断成长的，如果公司不发展，我们的顾问们就会遇到天花板。我一直觉得每个优秀的人的心里都有不断自我突破、自我实现的期待，所以我并不希望我们公司成为优秀伙伴们包括我自己的天花板。那时候我天天思考如何能提高效率，规模化地扩张，于是我自己开始学习各种商业课程。我希望自己从顾问思维变成真正的老板思维，带领伙伴们有更好的发展。

也在这一年，雇主和人才市场也发生了一些过去10年来从没发生过的现象：我们的那些顶流大厂几乎全部都在做组织架构的调整，有些比较夸张的公司几乎每个月都在调整。这在成熟的外企大厂中真的不太常见，而且不是一家两家，是几乎每一家都在调整。此外，我们那些曾经天天接几十个猎头电话，炙手可热的候选人找工作居然变得困难了。那一年，年薪百万元以上的候选人找工作大约需要1年，这还是相对幸运的情况。有些人从那时候就开始被动失业，直至今日。

还有一件让我印象深刻的事情，就是那年我居然谈了2个降职降薪的Offer。其中一个对我触动太大了，那个候选人年薪300万元以上，但因为公司被收购，所以不得不换工作，找了大半年也没看到合适的。这个候选人就是那种集情商、智商、逆商、美貌于一身的人。和她沟通后，我就直接被她吸引了。那次她来问我有没有好机会，我说有个还不错但是级别和薪资差了些的机会，最高只能给到240万元，结果没想到她说那看看吧。我当时还挺兴奋的，因为如果她去面试这个职位的话，应该可以妥妥地拿下。结果也正如我的预料，一切都非常顺利。到了要Offer的时候我需要收集她的薪资证明，当她把基本薪资和奖金的工资单发给我时，我本能地问了句："还有其他的吗？"结果她说了句让我陷入沉思的话，她说："你不是说这个职位最高240万元吗，我给的数字已经超过了，还需要其他的吗？"那一瞬间，我心里五味杂陈，一方面替姐姐感到可惜，跳槽不是应该越跳越好吗，这么优秀的人才还需要降薪。另一方面，我觉得我作为猎头不是应该帮助人才不断找到更好的舞台吗？怎么好像有点无能为力呢？我做事情非常看重意义和价值，苦点累点也没关系。但如果没有意义和价值，我就容易丧失动力。

那一年还有一个很触动我的Offer。那是个年薪350万元以上的候选人，也是因为公司组织架构调整，她看了一段时间都没遇到特别合适的机会，最终我把她成功介绍到了一家互联网公司，但是她需要换到另外一个城市工作。她是2个孩子的妈妈，我问她是一个人去杭州还是全家一起去，她说她一个人去。听到这的时候，我的内心掀起了一阵波澜，一方面作为猎头我很开心她能接受这个Offer，但另一方面同样作为一个4岁孩子的妈妈，我深深地理解一个妈妈是肯定不愿意错过陪伴孩子成长的，更舍不得和孩子分开。

我当时一个非常深刻的感触就是，职场人真的很不容易。大家把最好的青春和精力都奉献给了职场，或许能拿到不错的回报，但是职场的脆弱性好像也是真实存在的。当年龄大了，或者只要出现一些环境的变化，职场人似乎就没有什么选择的权利。有些无奈，也有些凄凉。

那时候我就天天思考，作为一个猎头，我究竟可以给他们提供哪些支持。说实话，那时候我自己的猎头业务并没有受到太大的影响。我一年只需要完成9~10个总监就可以实现我自己的业务目标，但是我总觉得我的工作好像缺了些意义感。

我带着这些疑惑和希望找到解决方案的心来到了2020年的1月，就在大家欢天喜地地准备过年的时候，一场让人猝不及防的疫情来临了。我们在家里待了足足3个多月，虽然这一切发生得很突然，也让人感到害怕。但我转念一想，也挺好，我终于有时间可以安安静静地思考一下我们的未来究竟该如何突破，作为猎头应该如何更好地帮助职场人发展了。那3个月我天天看书、学习、思考，最终我找到了猎头行业的核心问题。传统猎头的商业模式其实并不是一个很好的模型，因为它收益有限，但成本却可能无限。好的商业模式应该是倒U型的，成本有底，收益无限。这也就是为什么千亿级的猎头市场，90%的公司都是10人以下的公司，并且所谓的头部公司的市场份额连1%都没达到的重要原因。

创业就是创造的过程，遵从内心的信念才可能实现真正高价值的创造。我凭借着我多年对候选人、客户以及猎头模式的理解，尝试着重新规划我们的未来。我当时的直觉是，虽然当下我们的业绩还不错，但是如果我们不做出改变，好景绝对不长。通过努力，我想到了一整套我们可以有机会破局的模式。疫情解封后我回到公司的第一时间就将它分享给了我的合伙人。我非常激动地讲了2个小时，但结束后我的合伙人只说了句："这是个挺好的想法，但是2年以后再做，当下需要先稳住现金流。"这让我有种万念俱灰的失落感，我觉得我们的理念是截然相反的。我认为那个时间正是我们做出改变的重要时间点，而且我也想到了如何更好地助力职场人发展。我认为好的商业一定是为一群人解决一些核心的痛点，创造价值的，而不是得过且过，循规蹈矩，这也是我过去愿意放弃一切来创业的初衷。

我认为猎头的真正价值绝非做简单的一次性买卖。一个好的猎头应该是人才的职场咨询师，帮助人才更好地了解自己，找到内心的渴望。一个好的猎头也应该是人才的经纪人，我们应该帮助人才不断地找到更适合自己的舞台。一个好的猎头更应该是企业的人才战略共创伙伴，在理解企业战略的情况下实现高效的人才匹配。

我觉得在未来，每个人都应该重新回归自我，充分发挥自己的核心优势，做自己真正热爱且擅长的事情，从而实现时间自由、财富自由和灵魂自由。我始终相信每个人都是自带使命的，当一个人履行自己使命的时候便可知行合一，也不会有那么多的内耗，因为热爱所以享受。我听过一句特别喜欢的话，什么是退休，就是不再需要区分工作和休息，就进入了退休的状态。

人本主义心理学大师马斯洛的需要层次理论中提到过，人的需要的最高境界就是实现自我实现。我在大学第一次看到这几个字的时候就有种共鸣的感觉，让我的内心产生了一种无法抑制的冲动。我觉得这个理论说得太对了，甚至有些感动，我感觉这句话说出了我的心声。事实上，马斯洛花费了大量的时间研究了很多在各自领域获得成果、财富和社会地位的人，发现他们都有共同的特点，就是他们都找到了属于自己的那份热爱，并且在热爱的事业中不断享受着心流的体验。自我实现者有个很重要的指标叫作"flow"，现在也被翻译成"心流"。这份"心流"来源于每个人的使命，来源于每个人的擅长和热爱。这是无比珍贵的东西。

但过去那么多年，其实我们都成为企业机器的工具。很多职场人都只是一颗螺丝钉，无论外表多么光鲜亮丽，无论在企业里做到多高的位置，职场人的行为更多是为了迎合企业机器的需要，只有极少数人有幸找到能够激发他们内心的激情和热爱的职业，并且从事其中。而当螺丝钉老化了就自然会被无情地淘汰，这就是为什么那么多人出现了中年危机。因为大家并没有做自己，很多行为只是为了保证机器正常运转。大家没有自主感，没有思考过自己为什么要做这个，意义和价值在哪里。

但工作真的那么让人厌倦吗？其实不然。我们每个人生来就具有不断探索、学习和实践的欲望，这是本能。只是当你觉得你的行为都是为了获得别人的赞同，迎合社会和他人的认可，赢取名和利的时候，那么你就被一切外在的需求绑架了，行为就容易变形，人就会觉得累。

作为一个非常欣赏人本主义流派，出自心理学专业，加上内心非常期待自我实现的人，我非常希望能够帮助更多的人回归自我，成为真正的自己，在做自己的道路上活出那份属于自己的精彩，我也希望能够为更多人创造更大的价值，实现灵魂和财富的自由。当然，这同样也是我希望实现的人生，我认为这样的人生才是蓬勃的、绽放的、有生命力的。所以我一刻也不想等待，我只想奋力去追求这样的人生，也帮助更多迷茫中的人找到那条真正属于自己的光明大道。

所以我放弃了猎头公司的一切，我选择了"净身出户"。因为很幸运我找到了我愿意奉献一生去从事的事业。这是我的使命。在2020年5月，我开启了我追求使命的第二次创业。在我看来，这才是我真正的创业。

2.二次创业

> ①《人类群星闪耀时》里说：一个人生命中的最大幸运，莫过于在他的人生中途，即在他年富力强时发现了自己的人生使命。
> ②当一个人找到了自己内心的兴奋点，就应该全力奔赴。

虽然我在猎头行业从小白一路披荆斩棘变成了猎头公司老板，也通过自己的努力获得了还不错的物质回报，但我始终觉得我内心有种空虚感。这种空虚感来自我难以实现的灵魂自由，尤其是当我不认同客户的价值的时候，那种拧巴感只有我自己知道。

2019年，我经历了一次猎头生涯的滑铁卢，虽然那个客户让我三个月赚了80多万元的猎头费，但我并不高兴，甚至很迷茫。这是一家巨头外资大厂，我在短短三个月里帮他们招了4个营销方向的总监。这家客户的职位招聘难度系数非常高，有些职位我之前找了1年也没关掉，因为这个客户的直线老板是行业里出了名的高要求，人极度聪明,看问题一针见血,工作非常努力,她把毕生的心血几乎都奉献给了这家公司。候选人去面试的时候她会在办公室里放一块牌子写道:"我只和聪明人讲话"。她性子比较急,没有太多耐心,所以让人很"敬畏"。但即使在如此巨大的挑战下,我通过精心挑选,全面判断把控,最后全力说服,还是顺利地关掉了四个岗位,而且这四个人都是我人才池里的前20%。

但是万万没想到的是这四个人居然没有一个人在这家公司工作满一年,他们纷纷在7~8个月的时间离开了。虽然我收到了猎头费,但是这对我的内心造成了巨大的冲击。我过去推荐的候选人基本上都具有非常高的稳定性,他们在一家公司工作的平均年限都超过了3年,有些甚至已经在我当初推荐的公司工作了10年。其实,我做猎头的初心是希望能够帮助我的候选人找到适合他们的工作,让他们不断成长,而不是仅仅追求一次性的交易。我一直认为自己是候选人的咨询师和人才经纪人,我帮他们推荐并非只是满足一己私欲,而是真心地想帮他们找到当下属于他们的最优解。所以当他们纷纷在短时间内离开时,我感到非常的失落。更让我伤心的是,我的候选人们都非常信任我,他们甚至在准备离职前还关心地问我:"Nora,你收到猎头费了吗?"事实上,这些候选人们都成为我的朋友,我们之间已经建立了真挚的友谊和信任。

虽然这个结果责任并不在我,因为他们加入后,公司发生了重大的组织架构调整,存在很多不可控的外部因素。但是我仍然内心深感自责,毕竟是我向他们分享了这个机会,那一刻我有一种信念坍塌的无力感。很多人觉得我能说会道，但是每一次我愿意推荐一个机会都有一个非常重要的前提条件，就是这个机会一定有我发自内心真正认同的地方，并且认为它和候选人有不错的适配性，同时能对候选人的职业发展起到一定的正向价值。

实话实说，如果我只是一个一心想赚取人头费的猎头，那么出现这样的情况我应该非常开心。因为三个月就可以赚80多万元的猎头费。他们离职了，我可以重新再赚一笔。但是我真的不太一样，当时我没有任何动力再去推荐，因为我对这个客户或者说对当时的环境有些犹豫了。

我深耕这个领域那么多年，可以说我也是见证了很多人从小白到大佬的过程。因为我对候选人是发自内心地关怀，所以大家跟我的关系都很不错。他们很多人都跟我无话不谈，也会向我讲述很多职场实况。但是那段时间我发现大家的谈资发生了很大变化。之前，在我与候选人的交流中，他们会向我讲述一个又一个令人赞叹的战绩，让我由衷地为他们鼓掌，让我完全相信这些公司都是神仙般的存在，可以帮助人们锻炼能力和自我实现。所以，无论市场上的风评如何，我都相信每家公司都有独特的价值点，可以与合适的人才相匹配。然而，在那段时间，我听到的更多的是一些为了迎合数据而不得不编造数据和故事交差，或者是办公室工作中的甩锅、谁背锅之类的情况。

那段时间，我一直在思考，这样的职场真的是可以助人成长的吗？真的是打工人的好归宿吗？是值得我们一代又一代拼命读书，拼命锻炼能力而去争取的机会吗？我们寒窗苦读，历经磨难，难道最终就是为了在一个高大上的办公室里做PPT、编数据、编故事或者搞办公室"争斗"的吗？或许我只是看到了一些片面的情况，但在我听到了大量候选人的分享后，我确实感到困惑。我突然觉得职场人太不容易了，大家为了迎合企业需求，耗尽了青春，但是很多时候却在为一些鸡毛蒜皮的小事耗费精力，那么努力干活的意义在哪里呢？为了房子、车子、票子吗？可当我们拥有了这些又如何呢？有了这些，我们的人生就真的从此幸福美满了吗？

那段时间我看了很多关于幸福的书，也去参加了清华大学的积极心理学研习，我想找到更多可以让人真正获得快乐的方法，找到幸福的真谛。我也想寻找我自己人生的意义。学习确实可以帮助解答很多困惑。心理学研究表明，金钱并不完全等于幸福。当人们满足了温饱需求后，金钱的增加与人的幸福感之间并不是强关联。人真正的幸福感源于内在的整合统一和谐，来自自由自主自洽。这意味着你可以做自己喜欢的事情，所有行为都源于自己内心的驱动，而不是外在的压力。在这个过程中，你能体验到强烈的心流感，你可以忘记时间空间的存在，因为你在享受那个创造的过程。

就像埃隆马斯克为什么他可以每天工作14个小时，而且常年保持这样的节奏？他虽然成为首富，但是他当年在特斯拉造火箭的时候，他并不是为了成为首富才去做的，而是他认为人活着一定要做些对人类进步有意义的事情。他说他也曾经一直在寻找意义感，直到他看到太空宇宙的时候，心中会不由自主地燃起兴奋感，他意识到这就是他想要的。当年他的火星梦几乎不被所有人看好，人人都觉得这是天马行空，但他却从不在乎别人怎么说，因为这是他内心的坚定，与他人无关。他找到了属于他的使命和心流时刻，实现自己梦想的过程本身就是幸福，哪怕是有无数的问题和麻烦需要解决。当记者问他最欣赏的人是谁的时候，他说一切致力于人类进步的人都是他欣赏和尊敬的人。我非常相信，他的使命一定就是推动人类的进步。

幸福并不是天天吃香的喝辣的，游山玩水，拥有无尽的财富，这些都是人的欲望。幸福是一种可以完全自主并且在每个创造过程中都是享受的酣畅淋漓的快感。这也符合我一直以来的想法，就是人应该有自己热爱且擅长的事情，有一群志同道合的朋友，时间自由，财富自由，灵魂自由。我决定要为拥有自由、自主、可以主动选择的人生而奋斗终生，这是我的使命。同时我也希望帮助更多的人一起实现自我，拥有这种蓬勃的人生。

因为有了这份坚定的信念，即使在外部环境不乐观的情况下，我也依然敢于只身冒险开启从0到1的二次创业。现在想来当时什么都没有了，我只有那颗坚定的心和愿意为之奋斗终生的使命。

刚开始二次创业的时候，体验还是非常美好的，因为我再也不那么逼自己了，每天早上我会先到一个园林的咖啡馆看看书，听听音乐，放空自己，感受空气中的清新，感受自己的存在，自己的呼吸，自己的一切。我发现过去10多年虽然我也有很多享受的过程，但是我还是很在意外界的信息。别人对我的评价，别人的要求，似乎永远大于我的内在需求，或者说我甚至都不知道原来我也有内在需求。那几个月，我告诉自己只有一条原则，就是我不想做任何让我有一点点拧巴的感觉的事情。我只说我想说的，只见我想见的，只做我想做的，那段时间我感觉自己的心理能量不是一般的强。我记得那段时间，我用几个月时间体验了十多个之前我一直想做但从未做过的事情。比如，我免费帮助猎头答疑解惑，教他们技术方法。尝试做线下心理工作坊，帮别人做1对1的心理咨询。我开始拍短视频，还体验了一下直播，分享职场人感兴趣的话题，等等。

那段时间我做的每一件事情都在享受当下，我没有任何目的，只是为了通过实践更进一步了解自己的需求和优势，一有想法我就去实行，也不管是成功或是失败，因为这根本不重要。这一番实践让我对自己有了更多的了解，原来我真的很擅长做分享培训，但分享的内容一定是我真实体验过、思考过的；我也很擅长带领心理学工作坊，我能不断地激发更多人，同时我也特别享受这个过程；我还特别适合做1对1的深度咨询，那些向我咨询过的人会透露出一种被我重新点亮生命能量的感觉，这种感觉也让我痴迷。

做自己喜欢的事情的时候，时间过得真是飞快，一眨眼好几个月过去了。那几个月是我飘在空中的日子，完全随心所欲，自由飞翔，这体验真是非常的美好。没有精神内耗，没有拧巴的感觉，只有我想要。但是人生的剧本不可能是一成不变的，有一个月我突然被现实打醒了，原因是那个月我要缴纳好几个保险费，对于很久没有进账的我而言，这显然是一笔巨款，突然要支出的这笔钱让我感觉到了拮据，而且心里没有了安全感。

但我回神一想，我是在成为我自己，我在完成自己的使命。我问过自己好几遍，我对于现在的状态后悔了吗？每次我内心的答案都是：我不后悔。我觉得我能真实地感受到每一天活着的状态，我很享受我现在做的每一件事，只是暂时还没找到稳定的变现路径。如果今天是我人生的最后一天，我依然也愿意这么过，只是当下我还没找到那个让自己感觉最舒适，同时又能给别人创造更高价值的交点。虽然我还没有收入，但这只是时间的问题。因为我非常坚信当我做正确的事情，依道而行，为别人创造了价值，是不可能赚不到钱的。钱就是一个个良好的发现加上正确的行为和匹配的能力所产生的结果。

于是，我继续按照我的意愿探索着、前进着，体会着属于我的真实的每一天。

3. 坚持梦想所付出的代价

> ① 创业是人生最好的修炼，也是最好的道场。
> ② 人最难的不是没有选择，而是分明有确定的选择却要另辟蹊径，自我革命。

二次创业，在我找到了内心的力量和信念之后，我便开始与我身边的那些大厂的品牌高管们分享起我的创业理念。我的初心就是要帮助职场人更好地找到自己、顺利地完成转型以及拥有自由自主的职业。凭借着这份美好而坚定的初心，和在行业多年积累的口碑，半年我就吸引了20多位大厂的品牌高管为我的项目助力，他们几乎都是我的候选人们。我一遍一遍地传递着我的理念和信念，每次一聊就是五六个小时，而且过程非常愉快。

人永远要相信梦想的力量。因为有梦才能吸引到同频的伙伴。

因为我的梦想和信念，我居然吸引到了一家顶流外资大厂的品牌总经理。这位总经理在职场中绝对是一位叱咤风云的人物，属于业内知名人士。那天我们谈得非常顺利，思如泉涌。最后她当场表示对我的项目很感兴趣，愿意参与进来。她手把手地帮我这个商业小白一次一次地梳理，让我的项目从原本只是一个梦想，逐渐地变得有了可落地性，她还全力地帮我引荐各种资源。她做的这些让我感到受宠若惊。

这期间还有非常优秀的候选人主动问我收不收徒弟，她想转型做猎头。她觉得做品牌是青春饭，但是做猎头，尤其成为我这样的好猎头可以做一辈子，关键时间还自由。我原本以为她只是开玩笑的，没想到我们见面沟通完，我发现她竟然是认真的。听完我的理念，她更加确定要与我一起为人才们寻找最适合的舞台。

就这样经过一次次的相遇、沟通，没过多久，我就从一个人的打拼慢慢组建起了四人的团队和将近二十个人的智囊团，而且这次的团队阵容真可谓豪华。他们都是职场里的高手大拿，个个既有情怀又有能力。连我们的开业仪式都办得有模有样，各路大咖齐聚一堂。有这么豪华的团队，我当然也需要拼命地成长才对得起大家的信任。当然，经过之前几个月的实践，我也明白了一个很重要的道理，就是企业必须要先生存才能发展。于是我决定重新启动猎头业务，用猎头业务来支撑现金流，之后再进一步启动我们想要做的模式，并逐步创新和优化。

慢慢地，我们开始络绎不绝地签进来客户，拥有了不错的现金流。当时团队的氛围也非常棒，我们每周都开"夸夸会"，伙伴们都觉得很有归属感，大家也都很同频，能优势互补，只是我一直有要做多条业务线的想法，一个是拥有现金流的猎头业务，另一个是我一直想做的创新业务。

当我们的猎头业务进入正轨后，我就开始布局实践新的业务模式。毕竟那是我二次创业的初心，我希望能让职场人拥有真正适合自己的舞台，让客户有适合的人才解决方案，我想优化匹配效率，而不是只有一次的买卖。只有让我们的模式创新，才能解决传统猎头行业的一些核心问题。但是，所有的创新和创造都是会遇到各种艰难险阻，尤其当现金流业务在蓬勃发展的时候。我的团队们因为在猎头行业拿到了很多正向反馈，所以他们非常希望我们先全力以赴地赚钱，我当然也很清楚现金流的重要性，但是我当初放弃了一切去进行二次创业并不是为了再开一家传统的猎头公司。那段时间我非常纠结，这也是我二次创业以来第一次产生如此严重的精神内耗。我面临了一个非常难做的选择题，究竟是选择好不容易重新获得现金流以及好不容易磨合好的团队，还是选择继续坚持我最初的使命，从0到1完成一个并不知道结果的创新。

通过这件事情我又获得了一个非常重要的启发：使命对于创业者来说无比重要，要坚持下来也无比艰难。创业的路上都是难以抵挡的诱惑，而且好的创业本身就是从0到1创新的过程，这条路上大概率是寂寞的，因为没人看见过那个所谓的终点。要说服别人理解是非常困难的，因为大部分人是因为看见才会相信，而作为创业者之所以可以坚定不移地坚持，一定是因为他内心坚定地相信。

思索再三，最终我还是决定继续坚持我当初二次创业的初心。

我想要全力以赴地在我想创新的项目上奋斗，实现突围。

人最难的时候或许未必是没有选择，而是亲手把自己的退路砍断，这真的需要勇气。但为了我的使命和初心，我鼓足勇气作出了一个非常艰难的决定，暂停猎头业务，全力做新业务。

4. 从0人直播间到变现百万元

> ① 以终为始是抵御迷茫最好的锦囊。
> ② 但行好事，莫问前程。

2019年，我对直播产生了很大的兴趣，你或许会很好奇，我居然想当网红？其实不是，在直播方面，我毫无任何竞争力和优势，但我发现直播工具或许可以帮助我的猎头业务提高效率。虽然那时我们团队的能力基本都培养好了，但我一直在思考另外一个问题，即如何能进一步地提高交付效率，或者规模性地扩张，我的核心优势如何能更好地赋能到团队或者是新来的顾问。

我发现我的很多猎头技术是可以快速交给顾问的，但是还有一些内核的认知是没办法快速复制粘贴的。我自己的这些认知也是我10多年来潜心在这个行业扎根、一次次跟候选人深度沟通，加上我自己的读书思考才萃取出来的。所以，认知是需要时间的沉淀的，但问题是市场并不会因为你是刚入行的顾问就会多给你点时间，市场是公平的，一个职位出来谁能尽快交付谁就能赚到钱。

当时我还发现了一个挺严峻的问题，就是候选人对新顾问没有太大的耐心，这就大大增加了顾问触达的难度。我当时就在思考有没有办法把我的优势直接赋能给新来的顾问们，降低他们的触达难度。毕竟我在这个行业工作10年多了，我向候选人和客户分享的观点常常会让他们眼前一亮，独具穿透力和说服力，但过去我只能一对一地深度沟通，效率很低，所以我在想如果通过直播的方式我是否就可以一对多地来进行影响，这样我就可以大批量地率先获得候选人对我们的信任，有了信任顾问再去跟进，那就要方便很多。所以那时候我就关注到了直播赛道，考虑如何做品牌。

当我毅然决然地决定全力以赴做品牌的时候，时间已经来到了2021年的下半年了，在这1年多的时间里，短视频直播慢慢变成了一种趋势，只是那时候专业账号还特别少，更多还是娱乐性账号。但凭着我想解决问题的冲劲，我一头雾水地开启了短视频直播创业模式。

我还记得我第一次拍短视频的情景，一条1分钟的短视频我花了2个小时，真是体会到了"台上一分钟，台下十年功"的感受。那时候，我一遍又一遍地录制，但无论怎么录，我都对自己不满意，不是觉得语言组织得不够好，就是感觉情绪表情不到位。好不容易出了一条我勉强还能看得过去的片子，我又碰到了更大的难题，就是我居然不敢发出去。每次都编辑好了但就是缺乏点击那个发布键的动力，总有种不安全感，很怕大家觉得我说得不好，一时想法顾虑特别多。终于，我按下了那个发布键，发出去后，我更紧张了。我每隔两分钟就看看有没有人点赞，有没有人评论，我突然发现人要走出舒适区是真的需要勇气的。结果我却发现是自己想多了，压根没有人关注，播放量也只有一点点，所有之前的那些担心都是自己乱担心。不过没关系，我告诉自己我已经成功地跨出了第一步，经验总是一点点积累起来的，至少我下次在发布之前不用那么纠结了，这也是个巨大的成功。

发了一段时间的短视频后，我知道了直播。那天我非常兴奋，我想我的机会终于来了，短视频的时间太短了，直播肯定可以，我经常一开口就可以讲两个小时，都不需要打草稿的。

于是，我怀着那份期待和兴奋，开始了人生中的第一场公域直播。其实和我拍短视频的那段经历基本毫无差异，零零散散地进来了几个人，但是一会儿就都走光了，剩下我一人在空荡荡的直播间里唱着独角戏。不过因为有了之前短视频的经验，我这次心理强大了不少，我也没有那么在意了，就当作尝试锻炼，也没抱什么期待。虽然这次心态还不错，可是我发现了另一个更致命的问题，就是我对着镜头时，脑子竟然会一片空白，平日里的伶牙俐齿不见了。我有好几次说着说着都不知道自己在说什么了，不断迷失自我。后来我才明白，原来平日里无论是电话还是见面的沟通，我都是可以有及时反馈的。但是直播对着的是镜头，我是接收不到任何反馈的。所以真可谓实践才能出真知。很多事情看起来是一回事，做起来却是另一回事。

但是我是一个不拿结果决不罢休的人。我很相信练习的作用，我觉得人的任何能力都是可以从无到有，通过一点点地练习而获得的。所以虽然很难，但是我还是一次又一次地练习。没过多久我就找到了一点直播的感觉，大多数情况下我可以相对完整地表达我的观点和想法了。

没过多久，我又迷茫了。因为我突然不知道我这样直播究竟是为了什么，我好像陷在了细节里，忘记了初衷。一个很现实的问题就是我的直播怎么变现？

有价值的东西一定会有市场。所以我依然坚持我做直播的决定，我开始思考我究竟有什么优势，我可以帮到谁。很快我就想明白了，我最有优势的地方就是对职场的理解，对候选人痛点的理解。于是我开始针对职场人的话题做直播分享，总算功夫不负有心人，我的直播间来了不少我的候选人，他们听了一次我的直播就被我吸引了，每天都准时来报到，有些小伙伴说："一边搬砖一边听直播真是享受。"虽然那时候直播间里人不多，但是互动得很热闹，这让我一下子就找到了状态。我是那种只要给我一个舞台，我就能自燃的人，于是我越说越起劲，每天坚持直播。

后来我收到了很多候选人对我的评价和反馈。记得有一天早晨醒来，我看到有个候选人给我发了一条短信："Nora，你知道吗？一个好的猎头就像黑暗里的一盏灯，她可以照亮人前行的方向，给人前进的动力"。我记得那条短信我看了不下十遍，泪水在眼眶里打转，那一刻我感受到了我的价值和意义。我现在还记得，那个候选人找工作不是特别顺利，他当时的条件并不是特别出挑，但我并没有戴有色眼镜看待他。虽然我很清楚当时我并没有合适的机会推荐给他，但是既然他来了，我希望能用我的专业能力给他一些支持，让他有所收获。他或许也是第一次被猎头如此走心地对待，所以给我发了那条感人的消息。但你知道吗，就是这个候选人在5年后被我以140万元的价格推荐到了一家世界500强外资大厂，所以我一直信奉一句话：但行好事，莫问前程，善缘到了自然会有善果。

还有一个年薪百万元以上"面霸级"的候选人来找我，她说她特别郁闷，曾经她一天可以接几十个猎头电话，而现在她找了1年都没找到工作，好不容易拿了一个外地的Offer，还要降薪。她很纠结，想询问一下我的建议。那天见面的场景至今历历在目，在我的记忆中，她是个非常骄傲、非常自信的人，但是那天坐在我面前的那个人居然两眼无神，面容憔悴，看着都让人心疼，她一遍一遍地问我她是不是已经被淘汰了。我用我专业的咨询技术和极强的同理心和她聊了2个多小时。终于在快结束的时候，她眼睛里重新燃起了光芒，因为我帮她处理了情绪，还给她未来的道路提供一些指引，她也非常认同。那天我送她到门口，她主动抱了我好几次，一直道谢。虽然当时我并没有提供给她适合的机会，但当我觉得别人信任我、需要我的时候，只要我有能力我一定会助一臂之力。也因为这次的沟通，虽然她没能让我变现，可她向我推荐了她的好朋友，让我成功变现了20多万元猎头费。在她的好朋友接完Offer，我们出来见面的那天，她的好朋友说："Nora，你知道那天我的朋友是怎么推荐你的吗？她说，'这不是一般的猎头，她是我的朋友，非常靠谱、专业、可信任。'今日一见，果不其然。"这样的评价简直让我感到无与伦比的幸福。我觉得一个人做一件事，一定要有意义，这才能做出心流的感觉。

当我回忆起那么多的过往后，我决定开始做咨询。于是，我第一次推出了直播间的线上产品，就是卖我的一对一咨询服务。开始时，我有些诚惶诚恐，不知道有没有人会愿意为此买单，而且我还要自产自销，有点不太好意思。但我又想，如果我的服务能真的帮到别人的话，为什么不能变成产品呢？如果别人真的需要，她又为什么不买呢？如果没人需要，就当验证一下市场需求了。

可没想到我推出的第一天就卖掉了两单。那时候一次咨询费是1000元，我当天的直播收益就是2000元。哇哦，这一次的正向反馈特别鼓舞人心。其实并非因为赚了这2000元，关键是我知道我的直播间该如何赚钱了，我找到了我要的商业模式，这可是一个里程碑。

就这样，我陆陆续续地卖了好几个咨询。但是问题又出现了，我一个人才能服务多少人，每个人一小时，一天服务2个人，一周我最多只能服务10个人，问题是职场人有那么多，我怎么能服务得完呢？于是，我想我需要培养一批真正有咨询技术的猎头，让大家一起来为职场人提供支持。

我的猎头成功经验和独创的技术，这本身就可以帮助猎头更好地拿到结果，成为专业的猎头，这不也是我价值的呈现吗？于是，我决定先进行猎头培训的直播，虽然猎头培训并不稀奇，但我独创的教练式猎头的技术却是非常有效的，我把心理咨询技术应用于猎头工作中，它不仅可以更好地帮助伙伴们影响候选人和客户，更关键的是我希望更多人可以学会咨询技术，来一起帮助职场人解决职场困惑。

带着这个信念，我开始了猎头培训的直播，但问题又接踵而至。我发现我这么多年居然没有积累过猎头资源，我的微信里几乎全部都是候选人和客户，猎头人数寥寥无几，这该怎么办呢？

那时候抖音如火如荼，我学到了一个词，叫作公域流量。虽然我身边没有猎头，但是公域流量里一定有想做猎头或者想学习做猎头的目标人群。回想起来还真的蛮佩服那段时间的自己，刚开始，直播间里人来了就走，几乎没有停留，好不容易有人进来了居然会问我："你在说啥，听都听不懂。"还有人留下了怜悯的评论，就这么点人，主播早点洗洗睡吧，说完就又走了，这对于主播来说真的挺考验心理承受力的。那段时间，即使对于经过千锤百炼的我来说也有点想打退堂鼓了。每次一到要直播时，我就感觉胃痛肚子痛，我每天都想找理由不播了，但是不给自己留后路的我又一遍遍给自己加油打气，告诉自己一定会迎来春暖花开的时刻，要加油！

终于，慢慢我发现有一两个人在我直播间停留了，而且是高黏性，我直播2小时，他们就听2小时，这对我来说简直是莫大的欢喜，这个正向反馈对于我来说太重要了。我告诉自己哪怕只有一个观众，我也一定要让他有收获。

一个人有时候也许因为那一份坚持，就能迎来黎明。随着我每天认真地开播，我的粉丝多了一点，每场直播可以有稳定的五六人在线了。之前的经验让我很清楚地知道直播的变现路径，我把我12年的猎头实战经验和心法编成了一套课程产品，于是我在直播间不只是分享干货，还卖产品。没想到产品上线的第一天就有人买了，这对我又是一个里程碑的意义，我的直播变现路径是成立的。刚开始我的预售价格非常低，但当我发现别人几百块的产品只不过是一些引流的内容时，我感觉我的产品不能再这么贱卖了，产品价格和价值还是需要对等的，虽然我对大家能接受的心里价格并不确定，但是我对我这个产品的价值和含金量是万分确信的。所以我用了3个星期就把课程价格从399元涨到了3000元，事实也的确让我更相信了一句话，市场是公平的，群众的眼睛是雪亮的。我的课程并未因为我涨价而减少销售量，而且我的转化率还非常高。随着学员越来越多，我感受到了那种真正被需要的感觉，所以我每天都要直播好久，帮学员们答疑解惑。最长一次我从晚上8点直播到了凌晨1点多，因为在我看来我的直播并不是一个营销场景，我更希望它真的是可以帮助大家解决问题的场所，所以，每个学员的问题我都会尽全力地分析支招，就像带领我自己曾经的团队一样全力以赴。

当然这过程中也会有些起起伏伏，但我始终相信我是被需要的，我相信我是可以身体力行地给别人提供价值的，我会天天复盘，思考如何优化迭代，我还不断学习其他教做短视频直播的老师的课程，来提升认知和能力，我也会四处寻找解决方案。就这样，我从一个直播时脑子会一片空白的主播变成了一个经验老到的主播，我越来越享受直播的过程,尤其在我全心帮助学员,分享我创业的初心的时候,那种热情和激情真的无法抑制,虽然我已经说了很多遍,但是每次说完我自己还是觉得很感动,也把自己说得如磐石般坚定。

当你足够用心、足够努力的时候,老天都会帮你。我每天这样用心地直播着。慢慢地,我再次拥有了相对稳定的现金流,我当时其实已经很感恩了,毕竟这是我从0到1的过程,这证明了我的方向是正确的,而且这条路走通了,我也不再像无头苍蝇般迷茫了。

有一天,一个学员跟我连麦,他的出现让我迎来新的契机。他是大厂的职场人,做了10多年的运营,想转型做猎头。他花了2年的时间调研了整个猎头行业,几乎把所有猎头老师的课都听了一遍,也见了好多猎头,最终他找到了我,他说我的课程非常有体系,而且有战略、有战术、有商业,还有对人性的理解,我的价值观深深地打动了他。他说他其实原本只想私藏我的,毕竟宝藏老师不好找,但是当他听完我的理念之后,他决定要助我一臂之力,使我的课程可以让更多人听到,因为这也是为猎头行业、为候选人们助力。也因为这份机缘,我找到了我的第一个合伙人,后来他也成为我的联创。在他的加盟助阵后,我们单月的营收从之前四五万元直接飙升到了20多万元。

他的出现验证了我最初对合伙人的设想。我们常说人对了,事才能对,那什么是人对了呢?我觉得最重要的首先是使命、愿景、价值观互相认同,其次才是能力优势互补,而且对的合伙人真的是在实践中试出来的,而不是聊出来的。相比于"说",更重要的是看怎么"做"。

就像我的联创，连麦的第二天，他就打电话给我讲了如何能更快速地破圈，原本我还以为他只是说说而已，但是他居然全力地帮我推广，还调用他身边的资源一起来助力，那时候我们甚至都没谈过怎么分钱的事情，但他居然毫无保留地把所有能支持我的资源全部都用上了，这让我非常欣喜，也让我充满了感激。用他的话说，当时的想法很简单，就是想怎么能真的帮到我，仅此而已。

善因总会有善果。我们第一场合作就迎来了惊喜，那天我第一次体验到了什么是产品秒空的感觉。曾经我要卖力介绍才有人陆续下单的产品，那天我刚上架准备进一步介绍，评论区就纷纷留言说没有了，拍不到了，这感觉真的太奇妙了。现在看来，对的人会因为共同使命而相聚，但不是因为利益而合作。创业路上找到真正互相认同的人非常重要，因为创业本身就是探险以及不断成长的过程，只有拥有共同使命，真心认同你的人才愿意陪伴你跋山涉水，因为相信才能有机会一起看见。在这里我也非常感谢我的联创一路支持和陪伴，虽然很多时候我们也会有不同的想法和观点，但是他会聆听我，全力地理解我、尊重我。一个好的团队并非是只有一片和谐，而是在出现不同观点意见的时候，大家的心态是如何积极沟通，但达成一致的最高维度一定还是回归到我们最初的使命和愿景。

通过2023年一年的努力，我们招募了400多位学员，完成了百万元以上的变现。学员当中也是藏龙卧虎，其中一半都是资深猎头，他们中有百万顾问，千万团队的负责人，还有猎企的老板们，另外还有不少10年以上的职场人想转型做猎头，甚至还有我的客户也来学习我的技术。而且大家都非常认同我成人达己的价值观，所以很多学员说每次只要感觉郁闷了，来Ra姐的群里逛逛都能得到正能量，而且很多人在我的直播间把飞走的Offer又谈回来了，他们纷纷回来主动跟我报喜。甚至更感动的还有工作了20年的猎头前辈在群里分享了我给他带来的影响和改变。还有很多学员跟我说每次听完我的直播都会失眠，因为太震撼了，突然发现原来猎头是可以这样做的。

在我的理念中，猎头就应该是职场咨询师，人才经纪人，企业的人才战略共创伙伴。而且我觉得猎头完全是可以完成独立闭环的，因为我这么多年都是这么干的，我团队的小伙伴们也都是可以独当一面的。所以我教的绝不是一个两个技术，而是一整套可以把猎头做成独立闭环生意的打法，同时也是一套能走入人心的咨询技术的应用方法。所以，这也是为什么它会受到很多高知人群的欢迎，他们可以听到战略的思维，可以听到对人性的深度理解，当然还可以听到猎头的专业技术，甚至有不少我的候选人朋友们说即使他们不是做猎头的，都可以在我的直播间听很久，他们觉得我的解读和方法特别有意思。

这一年的教学过程也是对我实战经验的进一步体系化的梳理，我用了整整一年的时间把我的经验编成了50节体系的课程，每周我都会花足足一天的时间来准备课程，每周日雷打不动的都是我的课程交付日。很多学员说每周日是他们最开心的时刻，因为又可以来听课了，他们说我的课程既有干货方法，又有力量，听完感觉自己的电都被充满了。我的课程有400多位学员点击，观看量居然有3.5万，很多学员说我的课程值得一遍又一遍地看，每次都会有新的体会和启发。我记得最后一节课的时候内心很不舍，真的很感谢所有学员的信任和陪伴，因为他们的信任和支持才有了属于我的舞台。虽然很辛苦，但是我觉得每天干起来都是斗志昂扬，动力满满，特别有成就感。

其实在2022年下半年，我为了能更好地让学员们学以致用，我开始重新拾起猎头业务，我从学员里招募愿意跟我一起干猎头的伙伴，没想到7天就组建了一个100多人的团队，而且参与的伙伴很多都非常资深。到目前为止，我们交付的最大单子的候选人年薪达到了400万元以上；还有猎头公司老板加入我们的Soho（Small office home office），成为"大单王"，2个月连爆5个百万元以上的大单；也有猎头公司老板用我的方法直接带领全公司做战略调整，2023年上半年就实现了业绩翻番。

我们的Soho团队还特别齐心协力，协作效率非常高。有客户上午给出职位，下午我们就可以推荐10份高质量的简历，因此，客户直接给了我们独家合作。在一段时间的打磨之后，我们不少顾问都能做到职位一来2小时就可以推出精准人才。

虽然目前这个平台只是有个基本雏形，还有很多需要完善的地方，但是我很开心一切都在按照我所期待的方向发展。我希望能助力更多人实现自由自主的人生，至少目前在猎头领域我们已经开始身体力行了。同时也有越来越多的专业的教练式猎头不断涌现，可以一起为更多职场人排忧解难，提供支持和解决方案。我相信在大家的共同努力下，我们一定可以帮助更多的人实现理想的人生。

通过这段时间的实践，我也有了两个很重要的启发：

1）只要你的产品足够好，市场是一定会给出正向反馈的。所以如果今天你还没有赚到钱，只要你对自己的产品有信心，就应该继续坚持，当然这过程中需要不断地优化你的技术和方法，但真的不要轻易放弃。就像我的猎头课程的价格，直接创造了猎头培训行业的客单价的新高度，但即便如此依然有很多学员会很高兴地认为我的课程卖得太便宜了，因为性价比太高。甚至还有很多学员说他们是因为我而打开了知识付费之路，也因为听完我的课他们才相信知识付费是有价值的。

2）但行好事，莫问前程。其实做任何事情都是一个心态问题，你究竟是为了赚钱而赚钱，还是你真的是为了帮助他人顺便赚钱，这是完全不同的两种目的。为了赚钱而赚钱你很容易枯竭放弃，因为钱并不好赚，而且你需要付出巨大的努力，但是当你是出于更好地帮助他人的目的，那情况就不同了，因为在帮助他人的过程中，本身你就一直在收获、成长。当你的能力到位了，钱自然就来了。很多人说商业是功利的，但我却觉得真正的商业还是取决于你创造的价值是否足够，而创造价值的背后的原动力来自你的使命，来自"但行好事，莫问前程"这种享受过程的心态。

我过去10多年的故事到此为止，但我们未来的故事才刚刚开始，我相信未来可期，期待与更多同频的你相遇，一起携手向上而生。

内心自由，人生不设限。

勇敢地成为你自己，我们每个人都是独一无二的，我们每个人都拥有属于我们自己的使命。

愿你能做你自己，有你所爱，有知音相伴。时间自由，财富自由，灵魂自由，实现属于自己的蓬勃人生！

第二部分

教练式猎头超级个体实战术

一
猎头行业的趋势思考和分析

1. 猎头行业未来4大发展趋势

> ① 高端化
> ② 垂直化
> ③ 咨询化
> ④ 个人品牌化

猎头行业进入中国30多年的时间里，在本土化的过程中也在潜移默化地发生着很多的改变。

比如，曾经的猎头只有顶级的职业经理人才能接触到，猎头只挖企业的高管，如今可能你但凡有些工作经验都可能接到过所谓的猎头的电话。我十二年前入行的时候，我们做的职位至少是年薪50万元起，我们都是最低5万元的服务费，如果薪资太低导致猎头费不足5万元的话，我们也依然要按5万元来收费，但现在看到收费是2万~3万元的单子也比比皆是。

再比如，曾经的猎头公司几乎都是外企，我十二年前入行的时候，市面上也就那么几家叫得出名字的外企猎头公司，那时候这个行业算是个相对新的行业，但如今大大小小的猎企加起来有将近20000家，我们自己的民营猎头公司如雨后春笋般快速崛起，不少发展迅猛。

近10年，猎头行业已经从一个小百亿的体量发展成了千亿的体量。从宏观层面来看，猎头行业依然是欣欣向荣的走势，其中高端猎头的创新非常有机会。

当然近两年，不少猎头和猎头公司都经历着很大的挑战和变化，感觉业务一落千丈。尤其是2023年，甚至不少猎头公司都开始裁员倒闭，据说有超过40%的猎企倒闭了。这意味着这个行业将要走向终点了吗？

我的答案是，并非如此。人才是企业发展的第一生产力，其实只要有企业的存在就一定有人才的需求，所以人才的需求是刚需。只是猎头如何通过人才帮助企业实现增量，如何更高效地完成人才的匹配，这是新时代我们猎头必须思考的问题。

这两年的转折在我看来并非猎头行业的没落，恰恰正是这个行业即将走入下半场的标志，这是一个洗牌的过程。在看起来不太乐观的大环境下，依然有不少的专业猎头赚得钵满盆满，这些迹象说明了猎头正在从一个粗放野蛮增长的阶段步入需要提供真正专业高质量服务的阶段。

那么，未来猎头的发展趋势有哪些呢？我认为有4大趋势，如果你能牢牢抓住，一定会在接下来的人力资源的大赛道的红利中占

据一席之地，找到属于你的生态位。

第一大趋势：高端化。

我们看到，这两年客户的猎头需求正在发生着巨大的变化，不少企业明确规定年薪60万元以下的职位不可以放给猎头，HR要自己来交付，还有不少企业规定每年用猎头的岗位不能超过一定数量。

"猎头"顾名思义，我们猎取的是企业的头部人才。一个企业和人一样，也会分头脑和四肢，头部人才指的往往都是那些做关键决策的人才，一般都是企业的高管、部门负责人。最早猎头挖掘的都是O级别的人才，猎头顾问的从业者也都是在原本行业能做到总经理级别的人，才能来做猎头顾问，但后来随着我们国家经济的飞速发展，市场对人才需求的井喷式的增长，猎头们越挖越低端，从业人员的门槛也变得越来越低。

尤其像互联网、房地产等过去10年处在飞速发展阶段的行业，催生了一大批的"猎手脚"的猎头公司，这些公司的猎头大都充当了企业的手和脚的延长线，可以帮助企业快速补充各种人才，但却并非真正的猎头角色。换句话说，这些猎头能做的事情甲方的HR也都可以做，只是需求量太大，甲方有限的HR来不及做，所以外包给了猎头来加快步伐。从这个角度来说，这些行业的猎头已经从一个高端咨询服务产业变成了劳动密集型产业。当然这也是现在倒闭数量最多的猎头公司的行业和领域，因为时代的红利没有了。

在我12年的从"猎"生涯中，我一直是做高端猎头的，但中间也体会过一小段的相对初级的岗位招聘。所以，我很清楚这两类岗位的做法是完全不同的。因为不同阶段的人群选择机会的需求是完全不一样的，所以对猎头的从业人员来说，在单子的操作复杂度上也是完全不同的。初级岗位是能相对标准化的，无论是工作内容还是薪资标准，但中高级岗位就相对复杂一点，候选人们选择机会看中的因素很多元，在薪资上也需要有个谈判的过程。而相对标准化的初级岗位，招聘的服务其实完全可以被现在的人工智能替代，而且效率一定是人工的百倍千倍。所以在如今这个时代，如果你还想做猎头的话，一定要往高端方向走，越高端的职位，候选人的需求就越个性化，而这部分的需求只有人，才能更好地理解和满足，人工智能是很难深刻理解和挖掘的。

第二大趋势：垂直化。

最近和不少资深猎头以及猎头老板沟通，大家普遍都觉得现在客户对猎头的要求越来越高，有一个有20多年经验的资深猎头老板说他们现在每天蹲在客户门口都拿不回几个职位，即便是好不容易拿到的些许职位，但发现难度都是地狱级的，大部分顾问是交付不了的。

我也非常真切地感知到了这一变化，之前有一个口碑非常好的医疗行业的大公司要找一个品牌总监，他们希望看一下有消费品品牌营销背景的候选人，他们的亚太区HR负责人只和我简单讲了下他们基础的招聘需求，就让我根据我的经验选一些符合他们要求的候选人简历给他们看一下，而且不允许我和候选人提前沟通，他们说只需要看一下简历，因为那个职位属于保密阶段，不允许对外公开。于是我从我的人才库里挑选了5份简历，这5个人无论是经验背景还是个人的综合素养都是非常过关的，HR在看完这5份简历后要求我一个一个回答她，为什么我觉得这个人好，好在哪里，每段公司跳槽的理由分别是什么……如此细致的问题，如果我没有深度沟通过的话可能很难回答。

这个案例其实非常具有市场代表性，首先客户找到我已经是通过口碑打听来的，这就说明在跟我接触之前已经有了第一层的信任背书，其次客户在合作之前会先考察顾问对职位的理解和数据库的实力，再者客户还会测试顾问和候选人的链接深度，因为现在搞几份简历并不难，难的是你是否真的能说清楚这个候选人简历之外的信息。那你或许要问了，这么高的要求猎头顾问如何能做到？

这就是我说的猎头的第二个趋势，猎头顾问必须深度垂直聚焦。如果我不是深度扎根在品牌营销行业12年，不是和这些候选人深度沟通过5次10次以上，我很难在接到一个如此粗略的需求后能立刻推荐那么多优质的候选人，也不可能在HR问我问题的时候把每个人都介绍得清清楚楚。你永远不知道优质的大客户什么时候会找到你，但是我们都明白一个道理，机会总是留给有准备的人的。那你怎么准备呢？你能做的就是选定好一个方向，不断深耕，直至自己成为你选定方向上的专家，当好的客户来临的时候你才有机会快速拿下。

未来，一般的职位甲方自己都可以搞定，招聘网站上你能找到的候选人甲方自己也能找到，甚至甲方找候选人资源的渠道比猎头还要多，甲方的招聘负责人往往也都是非常有经验的猎头，所以身为猎头的我们必须要成为解决疑难杂症的专家，要能找到客户自己找不到的冰山下的候选人，要能提供深度的行业资讯，要能搞定客户搞不定的候选人，才有可能赢得客户信任的机会。所以垂直、聚焦和深耕是必然的节奏，否则无法成为真正的人才专家。

第三大趋势：咨询化。

如果把猎头按照时间线分成上下半场的话，那么猎头所提供的价值将存在巨大的差异。过去的30年作为上半场的话，猎头赚钱的核心逻辑是客户和人选之间的信息差。过去的30年，匹配难度高主要有两大原因，一是用人方和人才方彼此都不知道对方的存在，信息不对称；二来能符合企业岗位需求的人才凤毛麟角，在我刚入行的12年前，我记得市场上的市场总监加起来顶多有一两百个，他们绝对是稀缺"物种"，所以在上半场中，猎头的核心价值更多地偏重于寻访（Search），那时候只要猎头能找到企业的对标人才，一个职位就相当于完成了70%。

但是在30年后的今天，猎头的下半场，我们来看看如今的市场环境。首先，互联网招聘平台络绎不绝地诞生，甚至接下去的AI人工智能将以百倍千倍的效率解决信息不对称的问题；其次，现在同一岗位和title的人才多如牛毛，搜一搜市场总监，成千上万的市场总监，但每个人的质量、能力却是千差万别；再者，每个优秀的人才身边充满了各种机会及各种猎头，他们的选择也是多到眼花缭乱，所以猎头匹配的难点已经从人才少和不知道人才在哪里变成了不知道冰山下的人才在哪里，如何火眼金睛地识别真人才以及如何说服真人才加入你的客户企业才是真正的需要修炼的本领。

无论是挖掘出冰山下的人，还是发现冰山下人才的内核特质，抑或是说服人才在众多选择中选择你的客户，都需要你与他有深入的沟通，你需要真正地懂他。懂他的优势、他的特质以及他的需求。因此，下半场的猎头的核心技能将从寻访变成咨询，而且这个咨询并非简单地分享一下职业发展规划，而是真正地走入人才的心底，帮助人才更好地挖掘出他深层次的想法和需求（我们叫作冰山下的认知，这部分很可能连人才自己都未必意识得到）以及梳理人才的核心优势，这就需要非常专业的教练沟通技术，唯有如此你才能有机会实现更精准的匹配，才能帮助你的客户说服人才的加入。

这就是为什么我会提出"教练式猎头"的新流派，这是我将专业的心理咨询技术融入猎头的沟通说服工作中的应用和实践，虽然我加入猎头行业的时间相对早一些，但是我所在的领域几乎是猎头竞争最激烈的领域。消费品行业的品牌营销方向，曾经是猎头公司必然会有的行业，而且一定是每家猎头公司最大的团队，所以那么多年以来，我的那些"红花"候选人一直都处于多家企业疯抢的状态，他们从来不缺选择。

我刚开始工作时，想要说服他们去看一个机会都难如登天，更不要说说服他们去接我的Offer。但当我开始尝试用心理咨询的方式跟他们沟通的时候，产生了让人惊叹的效果，我能够不急不躁地转变他们的想法，让他们从不看到看，从不接到接，这个过程也并非那么有挑战。那一刻我觉得我已经找到了打开他们的钥匙，所以我不断优化提炼直至今天完整体系的教练式猎头沟通技术，我发现沟通说服都是有方法的，并且几乎是百试百灵，而且这套方法是可以复制的，不少人都因为这个沟通技术获得了意想不到的结果。有了这个技术，你会发现说服谈判都变得不再困难，而且谈Offer的时候也不用和候选人激烈地博弈，可以做到润物细无声地就让对方欣然接受。

猎头是一份深度和人打交道的工作，我们两端都是人，所以能做好沟通是基本功，有了这个基础，才可能实现后续的精准匹配。

第四大趋势：个人品牌化。

想要在战场中获得胜利，"道、天、地、将、法、器"一样都不能少，这里重点想说一下"器"即工具的重要性。人类的进步也都是随着工具的发展而来的，工具就是让我们效率提升的关键要素。

对曾经的猎头来说，工具可能是一部电话机，我刚入行的时候，有个Research Head，他可以靠一部电话机把一家公司的所有高管都找出来；近十年，猎头的两个很重要的工具叫作数据库和手机，每家公司都在努力地建立自己的客户人才数据库，这大大节省了寻找的时间，甚至不少数据库系统还能直接绑定手机，搜索完一键呼出，连号码都不用再输入了；而在近两年，我们发现了一个新的问题，现如今客户和候选人都不太喜欢接电话了，甚至一听到是猎头就直接挂了，那我们究竟该如何更高效地触达我们的客户和候选人，让他们在众多的猎头中选择跟你连接合作呢，这就需要一个更先进的工具叫作"个人品牌"。

现在的客户和候选人并不喜欢被动联系，他们有了更多的信息，也有了更强的判别力，他们更喜欢主动地搜索到你，并确认你是否专业、靠谱，进而找你合作。所以我们的工具一定要与时俱进，否则光靠努力是没有用的。

猎头打造自己的个人品牌是非常有意义的，而且绝对是高价值的，因为这个行业本来就是特别依赖人的生意，客户和人才很可能并不是因为你的公司，而是因为你这个人的专业、靠谱才愿意与你合作。就像我做了12年的猎头，很多候选人都被我推荐过2-3回了，也从来没问过我是哪家猎头公司的，他们认的是我这个人，包括我的客户，他们但凡去到一家新的公司或者我去了新的公司，他们都会和我签订新的合同进行合作。

当你把IP（个人品牌）打造好，效率将会几何倍地增加。比如我去年打造了一个"猎头酵母Ra姐"的专业IP，这个IP其实更多的是吸引同行来做猎头，包括助力大家提升猎头专业度，但即便是这样的定位也让我们获得了不少主动联系的客户，有好几个还成为独家客户。所以这个年代，你的个人IP就是公司介绍，就是你的个人背书。用好最新工具，会让你的效率10倍提升。

2.传统猎头 VS 教练式猎头

> ① 猎头究竟还有没有价值？AIGC时代，需要什么样的猎头呢？
> ② 为什么人才和企业需求都很旺盛，却搭配不了？
> ③ AICG时代，猎头的核心价值从提高人岗匹配的效率变成了人和人之间的匹配效率的提升。

在讲清楚传统猎头和教练式猎头之间有什么区别之前，我想邀请你先思考一个问题，你觉得猎头的核心价值究竟是什么？这个问题非常重要，商业世界里，客户只为价值买单。

现在很多猎头表示生意越来越难做，客户常常来个霸王条款，费率不断降低，周期无限拉长，甚至还有100%退款条款，几乎就是免费猎头的节奏。候选人对猎头也是防御极强，什么都不愿意和猎头说，只想从猎头这里知道有什么机会。猎头的生意是服务好双方的需求，但如今很多猎头处在双方都不被信任的"三夹板"角色，实属无奈，这就是很多传统猎头真实的生存状态。

我虽然入行不过12年，但是非常幸运地见证了猎头行业在中国迭代发展的10年。12年前我加入猎头行业时，大部分人压根儿没听过这个工作，每次别人问我是做什么的时候，解释起来特别费劲。当时我向我沃尔玛的老板提出辞职要去干猎头的时候，她一脸诧异，说猎头不是企业高管才能转型去干的吗，你一个毕业生做什么猎头啊？那时候的猎头是个神秘的存在，只有那些有实力的500强外资HR和金字塔塔尖的职场精英才对猎头很熟悉，而如今猎头对于职场人变得越来越亲近，感觉猎头已经无处不在了。

那时候，猎头公司只有那几家特别有代表性的大外资猎头公司，而如今已有2万多家猎头公司，很多民营猎头公司如雨后春笋般崛起，单从这点上也足以证明这个行业在中国已经蓬勃地发展了，而且越来越本土化，越来越符合中国的国情。尤其是在过去10年，互联网和房地产等行业的蓬勃发展，也让猎头赶上了中国经济发展的红利。当然也真的很感谢很多同行推动了我们这个行业的飞速发展。

其实猎头行业既魔性又性感。很多人都觉得猎头的钱赚得特别容易，每天和客户或者候选人吃吃饭喝喝茶，就能赚到几十万元甚至上百万元的猎头费，曾经我也一直在思考猎头究竟靠什么赚钱，为什么动动嘴就可以赚那么多钱？下面我分享一下我如今的思考，这也就回答了猎头的价值是什么的问题。

在过去，猎头赚钱的本质是信息差。曾经信息非常闭塞，客户并不知道人才在哪里，人才也不知道什么公司需要他，而跳槽又是一件极其敏感私密的事情，所以通过专业猎头来传递，猎头依靠对两端信息的掌握就可以赚得钵满盆满。我体会最深刻的是在我12年前刚入行那会儿，我们最难的事情是找到对标候选人，一旦能接触上，他们只要有点意向，我们的成交概率就非常高。

所以那时候猎头有个非常重要的核心能力就是Cold Call，猎头要千方百计地绕过前台想办法拿到对标人才的联系方式，那时候几乎每家猎头公司都有一个很庞大的团队叫作Researcher（寻访员）团队。我记得我刚入职的时候，我们有个Researcher Head，他光靠一部电话机就可以把一家公司的高管全部找出来，这技术看着实在让人佩服。

但如今你会发现基本上大部分公司的前台都不怎么接电话，甚至有不少公司都没有前台了，座机也变成了手机。还有很多互联网招聘网站的出现，也在很大程度上解决了信息不对称的问题，这对于人才需求方而言大大降低了招聘难度，有了这些有效的人才信息，再加上用人方找一些猎头出身的人去负责企业招聘，这一举措从某种程度上也击穿了曾经猎头的核心价值。

过去10年中，当互联网、房地产蓬勃发展的时候，市场属于供不应求的状态，所以用人方也愿意多找点猎头来做他们的手脚，实现更快速的人才供给，但本质上很多传统猎头扮演的只是简历搬运工的角色。而如今风口没有了，简历搬运工式的猎头就会越来越难生存。这也就是为什么现在传统猎头不断面临着已经很低但还要再低的费率，甚至还有不少的霸王条款，最尴尬的是面对这种惨状我们却无力招架，只能"任人宰割"，我们传统猎头的价值已经被击穿了。

那猎头究竟还有没有价值？如今时代需要什么样的猎头呢？

更准确一点来说，猎头在人岗信息匹配层面的价值在被更多的技术不断击穿，包括现在很多公司开始启动的AI技术，的确AI的效率可能是人难以企及的，甚至完全不在一个等量级。就说现在特别成熟的智能机器人呼叫电话技术好了，我们一个顾问一天能打完30个电话已经非常不错了，而一个智能机器人一天至少可以打3000个电话，这个效率不是5倍、10倍，而是100倍。

那是不是猎头这个行业就没有机会了，人都不要再从事这个工作了呢？

我的答案是No，而且恰恰相反。未来猎头行业更需要专业的人来释放价值。其实各种先进的技术能做到的只是冰山上面的信息匹配效率的提升，但随着具有同等岗位能力的人越来越多，再加上现在商业环境的巨变，单单的人岗匹配的价值也在不断被削弱。

以前我们要找一个市场总监，市场上加起来可能就100多个人是具备这个能力和经验的，所以猎头只要想办法找到他们，客户开足价格，就有机会快速完成交易了。但是如今你搜搜市场总监，可能有成千上万甚至更多的人，那么什么样的市场总监匹配什么类型的客户呢？这当中就出现了非常多需要进一步匹配的信息，其中包括候选人端的核心优势，内在特质，个性化的求职需求等，以及用人方的企业阶段，老板风格理念，希望人才解决什么样的问题等需求,这都需要专业的猎头来进行更深入的沟通以及梳理澄清。否则,非常可能就是乱点鸳鸯谱,最后搞得企业鸡飞狗跳,职场人的职业生涯变得灰暗无光,猎头也赚不到猎头费,变成"三输"的局面。

在过去那么多年,我们看到了大量这样的案例,有不少大外资的职场高管去民企,把原来的民企高层全部换了遍血,但生意依然没做起来,最后自己也被换掉了。对于老板来说这个成本是绝对昂贵的,不说这些高管的薪资,最大的损失在于很可能就这样错失了市场的机会,而市场机会稍纵即逝,抓住了可能瞬间腾飞,没抓住或许从此没落。

那你说为什么会发生这类事件呢?

这些候选人的经验背景和能力都是真的,企业也需要有这样经验的人,怎么搭起来后会变成灾难了呢?我认为核心原因有三点。

第一个很重要的原因,在过去相对标准化的工业时代的商业环境中,每个人才的能力模型也是相对标准化的,你可以理解为人才跳槽犹如在机器上换螺丝钉,每个螺丝钉的样子都是一样的。但如今进入人工智能时代了,从标准化走向了个性化,螺丝钉的更换方式效果大打折扣。

举个例子,如今时代,营销上的成功可能并非是因为营销做得好,可能是公司的商业模式好,或者找到了一些新的阵地。比如我们之前有一个世界500强顶流的消费品外企公司要找一个品牌营销的负责人,他们发现那几年一些网红品牌增长得让他们有点看不懂,指定要我们去找那些网红品牌的营销负责人。于是我们把对标公司都找遍了,却几乎找不出一个合适的人,因为当时那些爆火的网红品牌之所以爆火的背后,绝对不只是一个营销事件做得好,而是人家找到了流量洼地,换了阵地。

我印象特别深刻的是我找到了一家当时仅用1年的时间就实现了20多亿元营收的一个网红品牌,他们公司里负责品牌营销的团队就10个人左右,都是平均工作才1~2年的写手,营销的整体战略都是老板亲自操刀的,但当时他们抓住了线上流量的机会,加上他们把精力重点放在了内容营销上,一下子实现了快速增长。人才永远是服务于公司战略的,你说同样是做食品品类的,这些网红品牌的商业模式和营销打法与大外企的却是完全不同的,这类人才放到成熟的大外企里必然是水土不服的。

第二个核心原因,现在越来越多企业主的战略的迷失。因为环境发生了翻天覆地的变化,导致很多传统行业的老板甚至大外企高管们都开始迷茫了。这两年很多大外企常常做组织架构的调整,我和大家一样也不是很明白为什么要这样折腾,后来我去问了那些大外企的高管们,他们说现在生意增长乏力,曾经上一个品牌火一个品牌,现在新品牌上线了居然是整月0销量,他们也不知道为什么,所以只能不断优化调整组织架构,但至于应该调整成什么样,其实大部分的高管自己也并不清楚,只能带领着大家一次次地尝试。

民企老板就更不用说了,我这几年接触了大量的民企老板,其实老板们对于什么样的人才能真正帮到企业的发展,感知力是很弱的。他们更多的视角是我需要人才来帮我解决问题,比如我意识到现在我们生意的问题是因为品牌力不够，所以我要去找个擅长做品牌的人，但老板对于品牌的理解究竟是什么，有些老板认为品牌就是Logo，有些老板认为品牌就是促销涨销量，不同老板的理解可能是千差万别的。

还有0到1和1到N做品牌的方式是完全不同的，可能对应的人才类型也是完全不同的。比如一个擅长操盘百亿体量的品牌营销人才去一个初创的公司，营销人才一定会问老板预算是多少，老板的想法就是最好一分先别花，先用资源换资源，拿到结果再投入预算。这就叫作不适配，人才可能是优秀的人才，老板可能也是靠谱的老板，但是这样的匹配结果只能两败俱伤，因为他们对营销土壤的理解完全不在同一平面。所以，如果老板自己都没办法说清楚究竟需要人才来解决什么问题，那么怎么可能找到对的人才呢？因此如今传统的猎头单单依靠着拿JD（工作说明）匹配简历的方式是很容易"乱点鸳鸯谱"的，也没办法从根本上帮企业解决人才的问题。

第三个核心原因，人才对职业发展的迷茫感。过去人才从加入企业的第一天起，可能就大概知道自己奋斗多久就可以赚到多少钱，拿到什么样的title，因为每个行业每个领域还是有相对靠谱的参考标准的。我刚入行那会儿，每个企业的title给的是非常严格的，因为title意味着你的薪资权限，但后来随着本土市场越来越打开，title的含金量大打折扣，比如曾经一个大外资的市场总监，起码工作15年以上，年薪也会达到150万以上，而现在你会看到各种工作5~6年的市场总监，年薪30万~50万元的也大有人在。

人往往都是追求确定性的，一旦确定性的标准失效了，人就会开始迷茫。但过去那所谓的确定性其实也只不过满足了职场人赚钱这一个层面的需求，我曾经与10000多个职场高管深聊过，你会发现其实每个人跳槽和看机会的深层需求其实是千差万别的，有些人看重钱和title，而有些人看重性价比，在意的是工作生活的平衡，有些人看重能否有机会自我实现，而有些人看重的是老板是否情绪稳定等。所以人才在选择工作的时候，增加了很多除了薪资title这些外显的条件外的更深层的需求。而非常挑战的是，很多职场人自身可能都没意识到他们会有那么多深层次的需求，比如，我跟每个候选人沟通的时候我都会问他们一个标准化的问题，你选择机会，最看重的3个点是什么？就这个问题，你会发现能前后一致清楚回答的人占比不超过10%，也就是大部分人其实并不真的清楚自己究竟要什么。所以一份工作开的价格只是成交那一刻的匹配，而是否真的能做得好，做得开心，做得长久，更多是需要人才背后那些深层需求的被满足才能实现的，但这部分在过去往往是被传统的猎头在人岗匹配的过程中忽略的。

那么，企业主和人才冰山下的深层次需求之间的信息差究竟靠谁来挖掘填补呢？这就是我提出来的，教练式猎头。

教练式猎头的本质就是通过专业的教练式沟通技术应用于猎头的工作，帮助企业主和候选人挖掘出更多冰山下的需求、内核特质、价值观等更底层的部分，帮助两端梳理清楚自己的想法和需求，从而完成更精准深度的匹配。未来教练式猎头将在两端承担起新的功能，在人才端，教练式猎头是真正的人才经纪人，能够挖掘人才的核心优势，梳理人才的底层需求，为人才匹配适合的舞台，让人才有机会光芒万丈；在企业端，教练式猎头是企业主的人才战略共创师，结合老板的战略目标给出更清晰的人才画像，包括需要的人才的底层能力、模型，最后完成人才的交付。

下一个时代，猎头的核心价值从提高人岗匹配的效率变成了人和人之间的匹配效率的提升。

我做了那么多年猎头，能实现一推一中的背后也清楚地证明了这一点，就是专业猎头真正的匹配并非只是简历和JD（工作说明）的匹配，而是对人和人之间深度的匹配。

就像你有没有好奇过，为什么有些客户钱给足了候选人，但候选人居然放弃那个机会，选择另一个看起来不知道哪里好的机会，你深入去了解一下，会发现有些好是看不见的。比如那个机会中老板和候选人之间的化学反应，他们的价值观理念的一致性等。其实往往看不见的那些才是真正的匹配，包括你再看那些接了Offer会真的选择离开的候选人，大概率都是因为他们对现有的老板或者团队成员有些不满意。所以，职场的幸福感和是否能将自己的才华发挥到极致，最终都是和人相关的，真正的专业匹配的本质并非人岗匹配，而是人和人的匹配。

二
教练式猎头超级个体

1. 教练式猎头超级个体是什么

> ① 教练式：将专业心理咨询的技术应用于猎头，深度挖掘人才和企业主冰山下的需求和特质。
>
> ② 超级个体：通过个人就可以完成商业闭环，实现收益。

【教练式猎头超级个体】这个词是我去年原创出来的一个新的概念，可能每个字大家都认识，但这究竟是个什么东西，大家可能并没有深刻的认知和共识。

这里有2个很重要的概念：一个是教练式猎头，一个是超级个体。

这两个概念如果你真的理解了，那你一定可以抓住时代的机遇，让你价值感、成就感、稀缺感都是满满的，成为未来不可替代的专业猎头，并且你有机会把猎头做成终生的事业，越老越吃香，越老越值钱，再也不用担心因为年龄的增长而被职场无情地抛弃，被动地被人选择。

首先，关于**教练式猎头**，在上一篇中，我其实有了较多的阐述，教练式猎头和传统猎头最大的区别就是传统猎头更多的是对企业主和人才冰山上的信息进行匹配，通俗来说就是JD（工作说明）和简历的匹配。而教练式猎头更多的是对企业主和人才冰山下的信息进行挖掘和匹配，所以教练式猎头需要对人有更深度的理解和认知，而且要通过专业的教练咨询技术来帮助双方更好地理解他们自己。

你可能会疑惑，难道候选人和客户会不知道自己要什么吗？以我10年以来上万次的测试经验，我发现人很多时候是真的不知道自己要什么的，无论是年薪百万元的还是千万元的，其实每个人都有自己的盲区。比如，当我问候选人选机会看重什么的时候，大部分的候选人第一时间的回答大概率都是要好的赛道，好的公司，好的薪资这些特别外围的要素，听起来感觉很有道理。但是当我帮他们把每个需求都拆开来进一步提问、深度挖掘的时候，会发现很多候选人的逻辑就不能自洽了。比如，候选人可能刚开始斩钉截铁地告诉我，他一定要选择好的赛道，因为好的赛道更能轻松实现升职加薪，但当我问候选人升职加薪除了好赛道外，还要有什么至关重要的因素后，候选人往往会改变看机会的核心需求，会从好赛道变成好老板。再比如，客户端提出需求的时候，他们往往会提出要好学历，相关的行业经验等这些看起来非常拿来主义的选人标准，但很多时候他们的要求也未必经得起深度推敲。

我曾经有客户就非常坚定地要求一定要看985学校毕业的候选人，211的都不行，但这个职位并不是要找科学家，也不是学术性质特别强的工作，而是一个做品牌营销的岗位，我就很纳闷他为什么一定要找985毕业的人。客户是做出海市场的，其实人才选择面本来就不大，还一定要坚持985学校，这让搜索难度提升了100倍。于是我问客户："你坚持一定要985学校毕业的原因是什么？"客户说："一般能考进985学校的人都比较聪明，沟通起来比较省力。"我又问道："除了名校毕业之外，还有具备什么特点的人可以让你沟通起来比较省力？"客户说："沟通能力比较强的人。"于是我又进一步地说："那么你的目的是希望沟通起来更加高效，要达到这个目的，你觉得是985名校毕业更重要还是具有良好的沟通能力更重要？"当我问完这个问题后，客户突然有点恍然大悟的感觉，说："我觉得沟通能力更重要。"就这样几个问题顺利地让他放弃了一定要985名校毕业的执念。

所以很多时候，人认为理所当然的答案背后或许也并没有那么经得起推敲。因此，一个好的教练式猎头就是能通过专业的教练咨询技术帮助候选人和客户往更深的地方挖掘，从而来帮助他们确认清楚他们究竟要的是什么，并且也可以引导客户和人才更加欣然地接受很多骨感的现实。

因此，教练式沟通技术绝对是未来专业猎头必备的技能，我开发出来的这套教练式沟通技术起源于心理咨询技术，所以一旦你掌握它，你就有机会可以直接打入客户和人才的底层认知，深度挖掘双方的需求和特质，更精准地完成匹配的动作，并且也能润物细无声地实现说服的工作，使之达成一致，更轻松地拿到落地的结果。

这套技术如何应用会在后面几章详细地给大家进行拆解，让你学完后不但能让匹配更精准，谈判更顺利，甚至情商都能变高，让更多的人愿意跟你敞开心扉地沟通交流。

另一个很重要的概念叫作"超级个体"。

如今的时代已经从工业化走向了人工智能，有个非常重要的变化就是从标准化走向个性化，这也就是为什么现在很多企业很头疼，虽然产品很好但却无人问津，因为现在的消费者不再喜欢千篇一律的产品，他们更追求个性化，喜欢独一无二。这几年很多企业的商业模式从以前的B2C，就是公司研发好产品卖给消费者，变成了C2F，就是根据消费者的需求让工厂制造。

我想通过这个变化表达，一个新的时代正在来临，消费者需求的变化会导致企业商业模式的变化，有不少专家预判未来就是个超级个体的时代。

"超级个体"也是在这个时代背景下诞生的新物种，个体的含义顾名思义，就是独特的、有个性的、个人的。那什么是超级个体呢？翻译一下，就是通过一个人就可以实现业务的闭环，并且还能在自媒体以及各种新技术的加持下，能够被有效地放大百倍甚至千倍万倍。举个例子，那些成为现象级的直播红人，他们能够实现一个人做出一家上市公司的营收，这在过去是无法想象的，但如今直播的技术平台让这种不可思议的事情变成了现实，他们可以根据自己的品牌优势来决定卖什么产品，也可以用自己的风格特质生产内容，直接在直播间完成交易，并且通过流量实现N倍的放大。

那在我们猎头行业为什么会提出超级个体的概念呢？因为本质上有异曲同工之处。首先，猎头也是一份一个人就能实现生意闭环的工作。当你拥有对一个领域的人才的深度链接和认知以及掌握一定的客户资源时，再加上你专业的猎头技术，你一个人就可以实现上下游的匹配，就可以赚钱了。我们看到国外很多资深的猎头顾问都是自由职业者，他们一年中可以决定花多少时间工作，干完了他们就可以自由享受生活了。

其次，在如今的中国，我们的直播技术那么发达，优秀的猎头完全有机会通过打造自己的IP不断让更多客户和候选人知道你的价值，从而让你的生意和候选人资源源源不断。一旦你个人闭环的商业模式形成，再加上IP的工具，你就可以有机会实现营收几十倍甚至上百倍的放大。所以，未来真正优秀的高价值猎头需要的并不是一家猎头公司，而是一个超级个体的赋能平台。

但是猎头如何成为一个真正的超级个体，过去的打法和认知是无法帮助你成功的，你要从以前的搬砖的打工人思维变成真正的老板CEO思维，你要设计一整套你一个人就能实现闭环的生意模式，你也需要不断增加自己的护城河，才能有机会赢得市场的机会。具体如何用CEO思维设计一套教练式猎头超级个体的商业模式，我将在下一章中为你分享。

本书接下去会围绕着如何成为教练式猎头超级个体这个话题分享所有的实战技术和心法，希望能助力所有对猎头有热情的伙伴实现时间自由、财富自由、灵魂自由。

2.如何把猎头做成终身事业

> ① 把"填坑思维"变成"老板思维",从被动走向主动。
>
> ② 用老板思维布局个人猎头业务,生意一定要有所为,有所不为,什么都做就等于什么都不能做!

传统猎头最痛苦的事情莫过于吃了上顿没下顿,感觉每天每年都是从0到1的过程,而且有时候还得看天吃饭,这个行业好了业务量就起来了,行业不行,感觉只能被动地换赛道。并且随着年龄的增加会越来越力不从心,体力不支,感觉特别辛苦。

传统猎头无论是打工的状态,还是自由职业的状态,本质上还是依靠劳动赚取收入。而开一家猎头公司却又发现真正属于公司的有价值的资产少得可怜,猎头公司老板劳心劳力,但到头来赚的其实可能还不及一个超级顾问。

那如何才能让猎头顾问随着年龄的增长变得越发值钱呢?如何

能做到越做越轻松，让积累产生复利效应呢？又如何能从那么多的不确定中找到相对的确定性呢？

要从根本上解决这些问题，首先要先拥有正确的认知和思维。所谓思路决定出路。猎头这个行业最有魅力的地方在于一个人就能有机会完成一个生意闭环，这个业务的特点就是麻雀虽小但五脏俱全，但前提是你必须有老板的思维来运作自己的业务。

教练式猎头超级个体的整套体系就是与你分享如何用老板思维来打造属于自己的猎头长期事业，让你越老越值钱，让你有真正能享受复利效应，让你能抵抗周期中的不确定性。

把"填坑思维"变成"老板思维"，从被动走向主动。

传统猎头太擅长做职位了，也太爱做职位了，我们的服务意识也都是一级棒。我们非常积极地去搭讪HR，想尽各种办法接近他们，开发他们，拿到职位后我们就全力以赴地通过各种渠道帮他们找到合适的人，等到终于把他们做成了大客户，想着可以稍微休息一下了，但没想到HR突然告诉你她要离职了，要换一个新的HR，而那个HR有自己御用的供应商，碰到这情况，为了生存我们也只能硬着头皮上，想尽一切办法重新再去接近新HR，就这样循环往复地在不确定性中坚持着。

职位的交付也是如此，HR说今天要找个市场总监，明天要找个销售总监，后天要找个研发总监，你不辞辛劳地帮他一个一个岗位地挖掘，秉承着专业服务的精神，希望帮客户从茫茫候选人中挑选出一个最靠谱、最匹配的人才，但好人才是万里挑一的，你花了大量的时间深度地沟通说服，好不容易沟通了几百个人后，感觉出现了"一朵大红花"，正兴奋地想跟客户报喜的时候，客户来了一句，这个岗位先暂停一下，老板的方向可能要变一下。

作为内心强大的我们表示理解，并且依然拿出120分的热情投入下一个销售总监的需求里，一切从头开始，你一样需要重新积累候选人，积累对这个职能的理解，刚开始做一个职位往往会发现JD（工作说明）上的字个个都认识，但是连在一起却不太明白到底是什么意思，毕竟你不是做这个工作的，所以很难深刻体会业务的真实场景，但我们有极强的学习能力，当你铆足了劲儿通过大量寻访、沟通、学习后，终于又发现了"一朵大红花"，兴高采烈发给客户的时候还得到了客户的认可，此时的你内心百感交集，很高兴终于功夫不负有心人。

当你正在为自己坚忍的毅力以及杰出的学习能力感到自豪的时候，客户又来了个消息说，你这个候选人看起来的确不错，但我们目前有个候选人已经到最后一轮了，先看看他的情况，如果不行我会尽快把你的候选人推进去。当你听到这些的时候，会不会有种晴天霹雳的感觉，你可能正期待着靠这个职位过试用期，或者养家糊口呢。所以，你凭着120%的热情、惊人的毅力以及学习能力得到的结果，对于客户来说，只是其中之一的选择而已，他并没有那么着急，而你却是赌上了所有身家想赚取这票猎头费。

这就是传统猎头真正的无奈，我们很努力也很优秀，但是再优秀再努力，我们始终处于被动和被选择的状态中。我们无法控制客户什么时候给我们一个职位，无法控制这个职位什么时候能关掉，更无法控制这个职位最终是否一定是由我们关掉的，但我们却要依靠这个业务来生存，所以，可能可以做的就是多多烧香拜佛，祈求好人有好报。

以上的这些就是典型的猎头的"填坑思维"，我们努力地四处链接，耐心地等待被发号施令，认真地完成一个又一个高难度挑战的单子，但最终你会很无奈地发现，其实你无法掌握任何节奏，你也没有任何主动的权力。你能做的就是努力努力再努力，无限地投入时间来搏个中奖的概率。这也是为什么那么多猎头说自己心好累的原因。

如何让我们猎头从被动化为主动，让自己越做越轻松，并能把猎头做成终身事业呢？

首先，需要从思维上做出颠覆性的改变，要用老板思维布局猎头事业。

老板最核心的工作就是：找人、找钱、找方向。在落地的时候最重要的往往是先确认方向，明确了方向我们也就拥有了战略，而战略又是什么？战略是取舍的智慧，是确认把有限的时间和精力放在哪里的决定。再小的生意有了战略，效率和结果就将完全不同。同样，再大的生意再好的资源没有战略，所有资源都将被消耗一空。所以，方向和战略就是我们前行的灯塔，让我们不再迷茫，也不再被动。当客户有需求的时候我们可以清楚地知道做还是不做，花多少时间、精力，配置什么资源来做，而不再是逮到一个客户就当作救命稻草，全线押注，但却把命运交给上帝。

战略这两个字看起来挺高深，其实本质就是你要回答清楚以下几个问题：

1）我是谁？

2）我有什么？

3）我的客户是谁？

4）我能为客户解决什么？

5）为什么客户要让我来解决？

以我们的猎头业务为例。传统的猎头可能会这样告诉客户：我们是一家历史悠久的猎头公司，我们有很多专业的猎头顾问，我们能覆盖很多行业（我看到大部分猎头公司的介绍主要都是涵盖了这些信息）。我们用上面的5个问题来尝试拆分一下这样的定位。

1）我是谁？我是猎头公司

2）我有什么？悠久的历史，专业的猎头顾问

3）我的客户是谁？需要招聘的企业

4）我能为客户解决什么？招人

5）为什么客户要让我来解决？不知道，其实具有这些特质的猎头公司非常多，客户可以有很多种选择，所以给个霸王条款，你爱做不做。

但如果我们换一种思路来呈现，大家看看是否有些不同？

1）我是谁？

中国品牌营销领域Top1的猎头公司。

2）我有什么？

① 我拥有10000+品牌营销领域的人才池。（资源）

② 我了解80%以上大快消公司品牌营销职能的组织架构。（认知）

③我有一批有统一服务标准的教练式猎头。（专业顾问）

④我有品牌营销领域的IP，拥有10万+营销人才粉丝。

3）我的客户是谁？

需要寻找品牌营销人才的企业主。

4）我能为客户解决什么？

① 提供客户品牌营销人才战略和组织架构建议。

② 高效精准地完成品牌营销人才的招聘落地。

5）为什么客户要让我来解决？

① 我在品牌营销猎头行业深耕了十多年。

② 我专注聚焦在这个领域，拥有大量冰山下的资源，拥有深刻的细分职能的认知。

③ 我还批量化地复制了一批跟我有同样服务标准的专业猎头顾问，他们都是懂营销职能，有专业猎头技术的人。

④ 我的使命：立志要助力企业和人才实现高效的匹配，让优质的人才助力企业的发展，实现市场的增量。

看完这样的介绍，你是不是更清楚地了解了我是谁，什么业务有必要找我呢？

同时，当你有了这样清晰的定位，当客户告诉你他现在需要找一个供应链总监,你觉得你是否还有必要花时间从0到1开始学习寻访呢?

生意一定要有所为,有所不为,什么都做就等于什么都不能做!

拿我自己为例,自从我确定聚焦做品牌营销方向这个战略后,我便集中所有精力来提高我的壁垒,我曾与我们领域80%以上的品牌高管都有10次以上的电话沟通,我清楚地知道他们每个人的背景、风格、特质、核心优势、能力以及主要需求。所以,随着时间的增加,我做单子会变得越来越轻松。当一个职位一来,我只需要发个朋友圈,从那些有意愿的候选人中,挑选1~2个我认为合适的候选人再深度沟通一下,职位大概率就直接关闭了。

我有一次去开发客户,他们要找一个300多万元的CMO,公司也是百亿级体量。客户跟我说他们找过不少人,但还没看到特别合适的。于是HR跟我简单说了一下他们推荐过什么背景的候选人,我一听完背景立马就说出了名字,HR瞬间都愣住了,因为我居然说对了,于是她说还有另一个人也看过,但也没被看中,说完背景我又说出了名字,HR瞬间被我的专业所折服,也把我签成了他们的御用供应商。

随着我的护城河越来越宽,很多曾经难以企及的一些客户也慢慢地慕名而来。我惊喜地发现客户对我的态度也发生了质的变化,从曾经居高临下的傲慢态度变成了咨询老中医似的恭敬的态度。我们有个客户也是要找一个CMO,薪资可以给到500万元,但是找了

1年半，整个行业差不多都聊了一圈，还是没有合适的人选，于是HR打听到了我，希望我能帮他们解决一下这个疑难杂症。我至今仍然深刻地记得那通电话，HR就像找到了救命稻草似的，把这个职位的来龙去脉，前因后果都详详细细地跟我阐述了一遍，就怕我走弯路，甚至把他们见过的候选人的简历都发给了我，跟我说为什么不行。

  我们每个人合作的时候都希望得到尊重，在商业环境中被尊重的前提是你有真正的价值，而如何让自己能拥有价值，这首先取决于你给自己的定位，以及你在自己定位方向上的积累和深耕。很多的猎头努力程度并不一定比我少，能力智力也未必不如我，但是为什么不少人不断换方向，甚至转行了，而我却可以一直在这个领域深耕10多年，不断增加自己的核心竞争力呢？我觉得本质上就是因为我给自己的定位清晰而且坚定，无论什么情况我从来没动摇过我的定位。那么多年我持续在一个方向上做积累和沉淀，提升我这个方向上的认知颗粒度，所以，我可以越做越轻松，而且也拥有了和甲方平等合作的机会。

  因此，我希望我的猎头伙伴们再也不要抱怨自己是乙方了，当你真的有价值的时候，乙方也是完全有机会化被动为主动的，但你一定要有老板思维，要提前布局好自己的战略定位，说清楚自己是谁，并且不断夯实自己的护城河和壁垒，让你自己成为独一无二、不可取代的人才，这是一切的前提。

三

教练式猎头超级个体实战心法与技术

1. 如何做战略定位？

> ① 教练式猎头超级个体如何做战略定位，如何做到真正的专注聚焦？
>
> 提供一个可参考的公式：职能+行业+职级
>
> ② 职能聚焦为首，核心有四大好处。

这两年里，非常多的猎头都在转型，尤其是房地产、互联网等之前特别红利的行业的猎头，大家也特别关心，哪里才是下一波的风口和机会。

我的观点一直是：我们做事一定要顺应大势，这是毋庸置疑的，但是什么才是"势"，这个是值得深度思考的。

在我看来，猎头不是风投，风投是以资本为导向的，它的特点是可以实现相对的快进快出，因此，当资本看中了一个风口会All in，红利快要褪去的时候立马会抽出来，赚个百倍的市盈率，差不多可能也就实现了财富自由了。但是猎头是以人为核心的，人脉资源，行业认知都是需要时间沉淀和积累的，并非一蹴而就的。所以，要让你过去付出的时间和积累究竟成为你的资产还是成本，这个问题是一定要思考的。

其实猎头转行很容易元气大伤，当然如果你踩在了一个时代的风口上，自然也能飞起来，但是问题是能飞多久呢？说实话，风投只要踩住了一波风口，就有机会实现财务自由，但往往猎头踩住了红利也比较难财务自由，顶多就是业务好做一点，赚得多一点。那你在风口上赚的钱能否让你抵御寒冬，穿越后面的周期呢？估计大概率是比较难的。

而且如今的市场环境的变化速度简直超乎你的想象。曾经一个行业还能有10~20年的红利，现在可能只有3~5年就差不多了。所以对猎头而言，转行成本越来越高，红利周期越来越短。就像前两年，大家都觉得新能源非常火爆，很多猎头都纷纷转入这个赛道，但结果呢？做得好的又有几家？现在大家一看到哪里有肉就纷纷转入，那最终的结果就是大家加速集体阵亡。

所以在如今这个特别卷的存量市场，如何"破卷"，其实只有4个字，专注聚焦。实现1厘米宽，1万米深，找到属于你独一无二的生存缝隙，穿过缝隙创造更大的增量。这才是更好的生存之道，这个本质就是你的战略定位。

教练式猎头超级个体如何做战略定位，如何做到真正的专注聚焦？

提供一个可参考的公式：职能+行业+职级。

在所有可以专注聚焦的维度中，一定注意要把职能聚焦作为第一聚焦。我看到很多公司聚焦行业，聚焦城市，这些其实都太大了。一个人有办法把一个行业，一个城市的所有人才都吃透吗？圣人也做不到的。所以既然要专注聚焦，你就要尽可能降低复杂性，要有可落地性。一个行业里可能有很多不同的职能，每个职能下面还有很多的细分职能，这些不同的职能对于从业者来说能力模型和经验要求可能都是千差万别的，而且人数众多，所以你很难具有绝对深度的认知。但是如果你一个人只做一个细分职能，他们的能力模型和经验背景，甚至是风格都是高度相似的，而且每个细分职能的人数还是相对可控的。所以你是有机会完成深度沟通的，也有可能有机会真正进入他们的这个圈子的。

你可能会说，这样是否太窄了，没有多少发挥的空间呀？天花板太低，跳一下就够到了，后面怎么发展？如果你有这个问题，那我用我亲自实践的案例来解释一下。

在2017年，我第一次创业的时候，我和合伙人关于公司战略定位上出现了一些不同的想法，我的战略是我们就是专注聚焦品牌营销职能的，我负责品牌营销总监CMO之类的岗位，我的团队按照品牌营销的细分职能来划分，有人负责品牌线，有人负责媒体公关线，有人负责消费者洞察线等，按照人才的同质化职能来划分。但当时特别纠结的就是我们负责消费者洞察这条线，因为这个需求在品牌营销职能需求中是非常少的，当时看来大概不过10%左右的需求，所以特别担心让顾问专注这条线能否养活他。但我非常坚定地认为应该就这样先落地，如果真的空间太小，我们也可以围绕这个细分职能做延伸。你知道我们实践下来的结果是什么吗？

结果就是我们负责消费者洞察这条线的顾问首年实现了百万元的业绩，并且连续几年保持在120万~150万元的业绩水平。我们当时签下的几家大客户的条款也是非常苛刻的，比如从他们公司出去的人再被挖回去就不算我们的业绩，还有些HR特别喜欢自己去谈Offer，搞得鸡飞狗跳的案例也比比皆是。但是即便在条件如此艰难的环境下，我们的顾问依然可以持续拿到结果。是为什么呢？

因为她真的做到了外科手术级别的颗粒度，她把这方向上的所有对标公司都列了出来，当时大概也就100家，她把里面每个符合她定位的人才都挖了出来，并且深度沟通至少3遍以上。所以这个领域里有任何的风吹草动她几乎都是第一时间知道。并且因为同质化，她的每次沟通都是资产的积累而非成本，每次沟通都能给她提供有价值的资讯和信息，反过来助力她更进一步地深挖。

比如她找到一个总监，总监说最近不准备再看新机会了，因为已经决定去一家新公司了。当你得知这个信息时，你可以做什么？首先，你是不是获得了一个非常重要的职位需求，就是这个准备跳槽的总监的职位。其次，你因为跟这个总监深度沟通过，所以你对他的背景和风格特别了解，所以你是不是非常有机会找出一个各方面比较吻合的候选人。你拿着这个候选人的简历反推给这个公司，开发这个客户你觉得成功率会如何？可能HR正愁着这个职位怎么办，你正好就送上了一个看起来很不错的候选人简历，你觉得HR

是否愿意跟你交流一下你提供的这个候选人的情况？这样你是不是就非常有效地连接上了，并且有机会拿到真实的职位需求。**所以，职能聚焦的第一大好处就是让你能有机会实现客户源源不断**，再也不用在一棵树上吊死。

职能聚焦的第二大好处，就是你真的能有机会成为客户的人才战略共创者，与客户共创出可落地的精准的人物画像，帮他解决业务问题。

比如我之前有个做教育的客户，他们要做品牌升级，需要找个CMO，他们也是在市场上找了1年多也没找到对的人，发出了2个Offer结果人家都没去。我听完他们的业务目标立刻提出他们需要调整找人的方向。他们的人物画像是有很大的问题的，他们要做高端市场，所以他们本能地认为奢侈品行业的品牌人才是他们的对标人才，因为这些人懂高净值人群的调性。但他们不了解的是，奢侈品行业的品牌策略并非中国市场来主导的，而是国外来主导的，奢侈品中国的品牌团队更多是保持和国外品牌调性的一致性，所以他们会抠很多的细节，比如字体颜色、大小等，但他们中国团队的品牌人才并非是做关键战略的，用他们自己的话说，他们就是个高级搬运工。

而这个客户虽然是做高端市场，但是这个品牌人才是需要有战略思维，才能真正帮助老板开疆扩土的。所以从这个角度来说，奢侈品行业的品牌人才并不符合。我听完后立刻告诉了他们一个新的方向。我说你们应该去找消费品行业里找从0到1做过品牌的，同时也做过高端产品的品牌人才。消费品品牌人才在中国是最值钱的，同样一个12年以上的市场总监，奢侈品行业的年薪可能才80万元，而消费品行业的年薪可以高达200万元以上，这当中的差别就在于消费品的市场总监在中国是要做战略的。因为消费品产品本身并没有太大的差异性，本质是品牌驱动的，就像海飞丝和飘柔有什么特别大的差别吗？其实并没有，但为什么有头屑就会买海飞丝，头发干枯就买飘柔，这都是品牌营销人才赋予的故事和概念。而且奢侈品行业从业者一般都特别具有奢侈品的调性，而我这个做教育的客户虽然财大气粗，但在奢侈品行业的人才看来非常有可能觉得他们是个"暴发户"，这就叫作文化差异。文化差异性是很难让人才真正落地并且发挥出价值的。这也就是为什么他们把奢侈品品牌总监找遍了，还发出了2个Offer，但人家却不来的原因。你可能说听我这么分析完觉得有些道理，但我也并不是天然就知道的。我是在与消费品行业的品牌人才经过深度沟通，也与奢侈品以及很多其他行业的品牌人才沟通后，我才拥有了所谓的行业的人才认知，而这些认知是可以帮助客户少走很多弯路，更高效找到匹配的人才的。这也是我们猎头的专业价值之一。

职能聚焦的第三大好处，就是猎头可以更高效地完成人才推荐。

我之前还有个客户，也是遇到一个老大难的职位，1年都没找到合适的人才，发了Offer就被Turn Down。但到我手里，我就推荐了1个人，职位就直接关闭了，并且我的候选人还在这家公司做了5年多，双方对我的推荐也非常认可。

这个客户是属于典型的既要马儿跑又不给马儿吃草的类型。他们属于大快消里第二梯队的公司，但他们对品牌营销人才的要求却是对标第一梯队的公司，不过他们的薪资却类同于第一梯队里这个岗位下面一级的薪资预算。说白了就是要求高，但没钱。当我接完这个需求之后，我根本没有去找那些第一梯队公司的候选人，因为他们开出来的条件对于第一梯队那个级别的人才来说完全没有任何吸引力，而且那些人才非常抢手，他们都是各家争抢的香饽饽。

我把目标直接对准了一家做涂料的公司，你或许很好奇，人家做消费品的你怎么去找涂料公司？其实是因为我清楚地知道我对标的那家涂料公司里的品牌人才都是第一梯队大厂出来的，但他们之所以愿意去那个涂料公司就是因为那些人追求性价比，他们希望工作和生活更加平衡一点，所以他们不那么在意薪资，但人才质量还是可以保障的。所以我当时铆足劲儿把那家涂料公司的品牌人才挖了个遍，终于被我挖到一个当时有点想法的推过去，果不其然一切都刚刚好。

职能聚焦的第四大好处，就是可以帮助人才找到更多可能，能应对这个时代的巨变，抵御行业的变化和迭代。

很多人说现在互联网和房地产行业都不太行了，但是如果你是专注聚焦做这两个方向的人才的，那有没有可能帮助这些人才迁移到其他行业呢？

比如养老行业、农业行业，他们需要找一个App技术工程师，他们究竟应该是从养老行业、农业行业去找，还是应该从互联网行业找呢？刚开始的时候一定是从互联网行业开始找的，也就是具有同样能力模型的人，才可以实现行业的迁移。

你作为专业猎头，因为深耕细分职能，所以你才能有机会第一时间发现这种迁移的可能性，这样你不就等于打开了一个新的蓝海市场了吗？

随着技术的快速发展，现在不断出现各种新行业、新工作。牛津大学的校长说，未来70%的行业都可能被颠覆掉，40%的行业的工作现在根本没听到过。这是时代发展的轨迹，我们几乎无人可以逃脱。但是我们可以清楚地知道一点，无论有多少新的工种和行业诞生，刚开始的阶段人才还是要从传统的行业迁移过去。

比如新兴行业中的直播行业，成就了很多人，他们原本不是直播行业的人才，完全不同的背景，但并不妨碍他们成为新兴行业的宠儿，所以未来的人才一定会随着环境的变化发生迁移的。而这份迁移绝对不是你看经验背景就可以协助完成的，一定是你对某类职能人才的底层能力了如指掌才可以实现的。而职能聚焦就能让你有机会对你专注的人群有深刻的理解和认知，只有这样你才能帮助他们不断找到更多适合新时代市场需求的新方向。

2.如何做细分定位？

> ① 如何找到最适合的定位？参考公式：核心岗位＋高频转化＋热爱。
>
> ② 唯有热爱才能抵御岁月漫长。

前面我们分享了战略的重要性和战略定位的参考公式，但你是否仍然还是会有疑惑，我究竟该如何找到适合我的定位呢？我应该选什么职能呢？我再分享一个公式供你参考：**核心岗位＋高频转化＋热爱**。

先来说说"核心岗位"。

每个行业因为有其行业相对成熟的商业模式，所以他们的核心岗位是不一样的。比如，在消费品行业，品牌营销和大客户销售就是核心岗位，因为这个行业的产品门槛并不高，就像你买个欧莱雅和买个兰蔻，你说核心配方真的是千差万别吗，其实并没有，但价格却相差10倍以上，那价格是由什么决定呢？其实就是品牌营销专家给他们的定位决定的。欧莱雅定位是大众市场，而兰蔻定位是高端市场，顺便给你揭秘一下，其实，欧莱雅和兰蔻都是欧莱雅集团旗下的，他们是同一家公司不同的品牌而已。所以在消费品行业，品牌营销的岗位就是核心岗位，因为它是由品牌驱动的，而同样一个品牌营销的人才到奢侈品行业可能就没那么值钱了，因为奢侈品的品牌策略并非最近才确定下来的，奢侈品的品牌价值更多是传承至今的，所以他们的营销团队更多关注的是如何让品牌调性与总部保持一致，而并非做品牌策略。因此，同样的品牌总监在消费品行业的收入可能高达200万元以上，但在奢侈品行业可能只有80~100万元左右。

再比如互联网行业，他们的产品首先依托于技术的开发才能呈现，其次需要真正懂用户的产品经理来把技术和市场需求进行对接，最后专业的运营再把产品价值放到最大，更好地完成交易，而品牌营销在这些行业的角色更多是锦上添花，因此，互联网行业叫作技术产品驱动行业，他们的核心岗位和消费品行业的核心岗位就完全不一样了，他们的核心岗位就是技术、产品和运营。

因此每个不同的行业里的核心岗位是不一样的。为什么建议最好找每个行业里的核心岗位呢，因为核心岗位的人才流动是有势能差的，就像消费品行业的品牌人才可以流向其他各个行业，但其他行业的品牌人才是不可能流进消费品行业的。

我作为专注品牌营销方向的专业猎头，过去那么多年曾把人才流向了很多其他行业，比如互联网、房地产、教育、零售、奢侈品等各个领域。当作为猎头的我们拥有了行业里的核心岗位的人才时，你不就有机会进一步打开客户市场了吗？而且你的优势是他们行业的猎头无法比拟的。

我记得我之前去开发一个奢侈品集团的客户，当时我通过很多关系找到了他们中国区的大老板，在大老板的引荐下才与他们负责招聘的HR负责人约了见面，但显然HR负责人只是给了个面子并非真心愿意合作，我们一见面她就很不温柔地说了句："不好意思我只有半小时的时间，我们先认识认识。"这哪里是想好好谈合作的节奏呢？于是我非常开门见山地说："我们是专注做品牌营销方向的猎头，如果你们有这方面职位的需求我们可以看看如何合作。"HR一听到这个来劲了，因为他们这个品牌营销的岗位是个老大难的招聘，他们自己行业的猎头都找遍了，都没有找到合适的人，用人部门对这个候选人的策略能力要求特别高，但他们自己同行业的品牌营销人才更多是手和脚的角色，所以怎么都觉得差一点，还是不行。于是HR立马说我们倒是有个比较有挑战的品牌的职位。她给我快速讲了下他们的情况，回去后我们下午就推荐了一个候选人，这个人直接顺利通过三轮面试出了Offer，从我们推荐到最终上班仅用了2周，我们用实力让客户对我们刮目相看。这个候选人是消费品出身，但是个人特别喜欢奢侈品，所以她既有很好的策略能力，但同时整个人的调性又很奢侈品，他们一拍即合，而且当时她正好刚离职，所以拿完Offer立马就上班了。

其次，再来说说"高频转化"。

这个其实相信大家都非常清楚，猎头是靠人才流通赚钱的，所以你给自己的定位建议是要考虑流通属性的，否则赚不到钱就难以良性持续。就像我之前有个同事，他原本跟我一起做消费品行业的，但他后来就转行去做医疗了，他看不起消费品行业，觉得没什么专业技术，他本身是个技术控，觉得那些有科研壁垒的博士才是他欣赏佩服的人。所以毅然决然地开始从0到1去研究医学博士，那种职位是真心需要钻研的，我觉得智商一般或者没有极大的热情的话，可能真的挺难搞明白的。但他的问题也来了，这种岗位的人才在市场上加起来也不过几百号人，人才专业壁垒是足够高了，但是流通比较慢，当然每一个流通的人才的价格是不菲的，所以有一段时间他也非常苦恼，毕竟很多时候理想是丰满的，现实是骨感的。所以如果你觉得自己并没有某些太强烈的执念，建议在选择自我定位的时候还是要考虑一下流通性的。

最后还有一个特别重要的因素，那就是热爱。我建议你一定要把这个要素放进你定位时的考量，因为拥有了这个要素，你的成功率可能会翻倍。

很多人在选方向赛道的时候特别在意行情，不断地打听哪个行业比较火爆或者比较好做，这固然是一个可以参考的标准。但再好做的行业，专业猎头还是有很多基本功要锻炼的，也是需要有一定的积累周期的，但我们都清楚能力积累的过程是有很多困难需要克服的。而能够助力我们不断精益求精，克服挑战的一个最重要的因素就是热爱。

以我自己来举例说明一下，热爱究竟是如何在工作中发挥作用的。我在入行的时候老板就让我选择，是专注做品牌方向的职位还是销售方向的职位，我在大三猎头实习的时候，3个月关掉了4个职位，其中3个是销售的职位，只有一个是品牌的职位。所以这两个方向的职位哪个好做我其实非常清楚，肯定是销售岗位更容易完成交付。我记得当时跟销售人才聊天特别容易，这类人的特质是天生自来熟，而且也非常热心，想要打听一些信息或者让他们帮忙推荐点人，他们都非常热心。但做品牌的人不同，他们不单不太好说话，关键还很难联系上。快消品做品牌的人有一句特别经典的话，不是在开会就是在去开会的路上，或者就是做PPT，所以电话打通的成功率非常低。可能10个电话有1~2个能被接通就很不错了，再加上他们个个都是策略和沟通高手，所以特别谨慎而且比较挑剔严苛，他们跟猎头的沟通首先要看你是否是真的专业靠谱。他们的边界感很清晰，一般只愿意回答他们自己的问题，你想要打听点消息或要点介绍，他们立马就防御了。

　　但即便如此，在选择自己定位的时候我依然选择了品牌营销的方向。因为我发现虽然与这拨人沟通让我的猎头工作增加了不少难度，但是我觉得他们特别有想法，有思路，而且一旦打开，感觉可以聊得很深入，每次聊完我都有种强烈的获得感。不只是因为他考虑机会了，而是我可以获得更多对于商业的认知，或者是自我成长的智慧等，而这些对于一个青春期就看哲学书的我来说是至关重要的，我可以接受经济上的贫乏，但却难以接受思想灵魂上的空洞。

所以当我和这群做品牌的人才沟通的时候，我常常容易找到一种精神上的共鸣和碰撞，我觉得在这个领域我可能有更多机会碰到更多"有趣的灵魂"。因此，即使我知道他们很难联系，但我却依然坚持要选择这个方向。

当然我在这个过程中的确经历了各种磨难，可是因为能在灵魂上时常获得正反馈，所以其实我几乎从没想过放弃，过程中我更多的是想尽办法来解决问题。比如他们都不怎么接电话的问题，在我打了一段时间后，我发现了一些规律，每天上午9~10点，中午12~14点，晚上5点以后电话接通率都比较高，我就会调整我的电话呼出策略，我一般会在这几个时间段高频呼出，并且把重要的人安排在这些时间段做深度沟通等。

再比如，要说服这群人看机会特别难，他们都特别有主见，所以无论我说得怎么有道理他们都不为所动，因此我尝试了用心理咨询的技术跟他们沟通，我更多的是倾听、提问、共情而不是一味地表达我的观点，没想到一用效果就立马呈现了。当我给足了耐心和共情之后，不少人慢慢开始对我完全敞开心扉，我可以深刻地理解他们真实的想法，所以我就能润物细无声地影响他们深层次的认知，让他们从不考虑到考虑，这也就慢慢演变成了如今我的那套教练式猎头沟通技术。

Offer谈判的时候就更加艰难了，那么多年以来，我一直饱受着被候选人挑选Offer的被动状态。一般来说，我的候选人一旦要被出Offer了，我一定会听到一句话就是："我还有几个Offer在谈，我综合考虑下再决定接不接你这边的Offer。"所以多个机会抢一个候选人对我来说完全是常态。有两次候选人已经爽快地把Offer签回来了，我都特别担心是不是很多信息我不知道，我的神经极度敏感，因为那么多次的经验告诉我必须要处处留心。但因为我热爱这个方向，喜欢和这类人打交道沟通，所以即便如此被动，我依然绞尽脑汁不断寻找解决方案。我会很认真地总结复盘每次的谈判，最终我发现Offer谈判是有关键节点的，也是有可复制的谈判策略的，这最终发展成了我的一套Offer谈判的框架和公式，实践后发现几乎是百试百灵，除了一些不可抗力因素，比如入职体验怀孕了，或者上班当天家里有突发情况等。我把这套经验教给我的顾问们后，他们从谈一个黄一个到成功率也可以高达80%~90%。

所以困难本身并不可怕，其实任何一件事要做好都是很不易的，需要不断刻意练习，提升各种技能，但是为什么有些人一遇到困难就放弃了，而有些人碰到再大的困难都可以不断想办法解决问题呢？在我看来，本质的差异就是热爱。放到猎头定位的层面来说，就是当你觉得和这拨人沟通你可以获得成单赚钱之外的动力的时候，它就可以帮助你有勇气克服很多困难，并且也因为这些困难和你的那份底层的动力，你可以创造出很多崭新的解决方法，毕竟方法永远比困难多，关键是你是否想解决困难。

所以相较于所谓的好做、简单，我建议你一定不要忘记听从你内心的声音，**唯有热爱才能抵御岁月的漫长。**

以上三个要素我认为在你寻找个人定位的时候最好全盘考虑，

尤其是最后一点，千万要重视。真正专业的猎头是需要积累的，所以在可以选择的时候，请尽量选择你愿意打交道甚至是你愿意成为的那类人，这样你会发现你的工作充满了乐趣，而不是无尽的挑战和困难。当你找到了热爱，当你的工作充满了乐趣，你才有可能成为那个领域里的顶级专家，你才能真正创造更大的价值，你也才能真正成为那个难以被取代的人。

3. 如何打造核心产品：精准人才池

> 打造精准人才池三步骤：
>
> ① 把所有的目标公司都列出来。（就是那些在品牌层面做得特别好的消费品公司）
>
> ② 通过各个渠道把这些公司的相关部门的组织架构以及对应的总监和经理都挖出来。
>
> ③ 与每个候选人至少深聊1小时以上并且形成一个3D记忆标签。

思路决定出路，同样一件事情你用什么视角看待它，它就会变成什么样。

如果猎头顾问把猎头看成是一门独立的生意，把自己看成是老板，那么你觉得你究竟是在卖什么赚钱呢？

很多人会说猎头在卖"人才"，卖"机会"。是的，我们两端都要卖，但传统定义上是谁付钱谁是客户，如果从这个定义出发，可能你会说就是卖人才给企业。但问题又来了，人才的所有权归你所有吗？你让人才接Offer他就一定接Offer吗？所以这就是为什么猎头顾问常常觉得自己毫无掌控感、确定性，只能天天烧香拜佛的重要原因。

但我一直认为既然要把它做成生意，就一定要从不确定性中寻找到相对确定的部分，否则这门生意每天让人提心吊胆，实在不是好生意。那你想想，什么东西是可以做到相对确定的？我们无法确保一个人一定可以成交，但是如果我掌握了这个细分职能80%~90%的人才呢？一个不成，我们还有第二个第三个，是不是相对而言我们就有了一定的选择的权利了。所以从这个角度来说，什么才是我们猎头的核心产品，我认为应该是一个细分精准的人才池。

一个好猎头除了需要拥有老板思维，还需要拥有产品思维，好的产品会不断加深你的护城河，并且随着时间的推移，你将会越来越深邃，越来越值钱。所以，你得思考一下如果你是产品经理，你要怎么打造你的核心产品。

在分享如何打造教练式猎头超级个体的核心产品的方法之前，我先要澄清一个特别重要的概念，如果我有几万、十几万甚至上百万的人才数据库，这是不是我的核心产品？答案：并不是。这里说的人才池并非传统意义上的人才库，他们的差别在于，人才库是个电话号码的数据库，而人才池是你深度沟通交流过的，在你脑海中多维存在的人才，并且他知道你是谁，当他想看机会或者他有朋友要找机会时，他都会想起你，这才是我说的人才池产品的标准。

那么如何真正打造出这样一款属于你的"王炸产品"呢？

首先，产品定位一定要清晰。

如何定位在之前的战略定位篇中其实已经详细说明了，不清楚的可以具体再看一下，简单来说就是职能聚焦，专注一个细分职能。这个定位是核心灵魂，猎头行业好的产品经理的标准就是你要能做到在你定位的细分领域里80%~90%的人才，你都至少聊过3遍、5遍，甚至是10遍，而且不只是简单地了解他们的工作经验，你还要清楚地知道他们的性格特质、核心需求、核心优势甚至弱点等，这些信息都像一个3D的档案存在你的脑海中，只有这样你才能做到，当客户提出一个需求时，你可以立刻知道谁是合适的人选。

其次，我们来说一下如何落地。

当你有了清晰的定位之后，你就可以更有方向性地落地了。比如我的精准人才池就是消费品品牌总监，这就意味着无论客户是什么行业，只要他需要消费品行业的那些拥有品牌经验的高阶人才，我都可以帮他解决。那你怎么做到呢？定位之后，做三步动作。

第一步，把所有的目标公司都列出来（就是那些在品牌层面做得特别好的消费品公司）。这一步的落地可以有很多种方法，这里推荐2种方法。

① 寻找行业知名媒体公众号，一般行业媒体还是会给出很多公司的情报的，能帮助你精准地搜到需要的信息和资讯。当然这个搜索也是需要一点点精进的，随着你可以聊的这个方向的候选人越来

越多，你可以看看有多少你的朋友也关注了这个公众号，关注的人越多就可能代表这个公众号在细分行业里越有影响力。当然之后的Chat GPT问世后，这些信息可能一秒钟就可以获得了。

② 向所有可以触达的人打听。比如跟客户沟通的时候，可以问问客户有没有特别想要找的对标公司，与候选人沟通的时候也可以多问问候选人，比较想去什么公司，或者在候选人心中觉得这个行业中哪些公司在这个方向做得特别出挑，再或者与你的老板、同行交流的时候也可以打听了解。总之，你有了目标不要放弃每次与人触达时，打听和优化的机会。

第二步，通过各个渠道把这些公司的相关部门的组织架构以及对应的总监和经理都挖出来。 甚至最好能做到，无论是当下的还是曾经的都能打听出来。这就是我们传说中的Full Mapping。这里也分享2个很重要的实操方法：

① **画360度的组织架构图**。这个组织架构图就相当于我们开车时的导航、卫星地图，它能帮助我们可以有更加全局的理解和更清晰的目标。所以我们需要尽可能全面地把目标公司的组织架构图了解清楚。什么叫作360度？我从纵横两个维度来解释。先从纵向来说，从目标人才的级别开始，向上的汇报关系、向下负责的团队规模、平级的职位以及目标人才的职责分工分别是什么，这些信息都要想办法画出来；从横向来说，包含每个职位的具体title，负责的品牌（工作职责的划分），具体的人名和联系方式。举例如下（仅供参考）

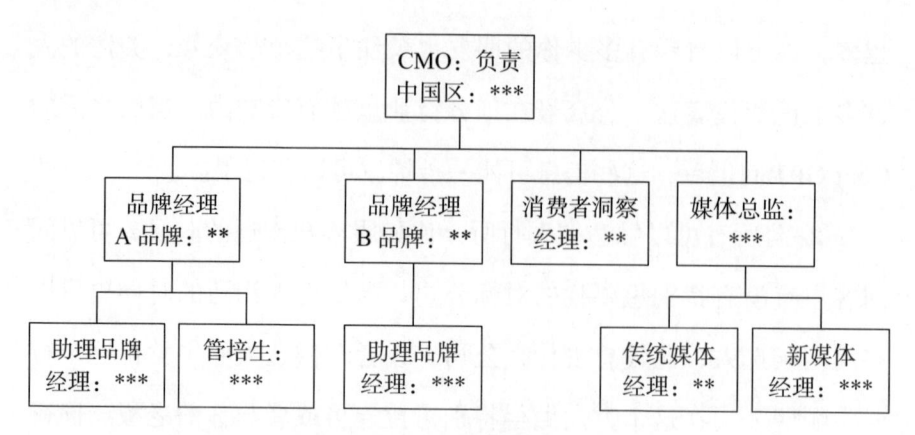

```
                    ┌──────────────┐
                    │ CMO：负责     │
                    │ 中国区：***   │
                    └──────┬───────┘
         ┌─────────────┬───┴────────┬──────────────┐
    ┌────┴────┐   ┌────┴────┐  ┌────┴────┐   ┌────┴────┐
    │品牌经理 │   │品牌经理 │  │消费者洞察│   │媒体总监：│
    │A 品牌：**│   │B 品牌：**│  │经理：** │   │***      │
    └────┬────┘   └─────────┘  └─────────┘   └────┬────┘
    ┌────┴────┬─────────┐   ┌─────────┐       ┌───┴────┬────────┐
┌───┴───┐ ┌───┴───┐         ┌───┴───┐       ┌───┴───┐ ┌───┴───┐
│助理品牌│ │管培生：│         │助理品牌│       │传统媒体│ │新媒体 │
│经理：***│ │***    │         │经理：***│       │经理：**│ │经理：***│
└───────┘ └───────┘         └───────┘       └───────┘ └───────┘
```

图 3-1　360 度组织架构图

② 问出具体信息，有 4 个关键原则。

第一个原则：先他人后自己。先满足候选人的需求，再问你需要知道的组织架构和人名、联系方式。想要从对方那里获得你想要的信息，你先要给足价值，满足对方的需求，产生信任才能有后续。所以，问关键信息的时候千万不要太过着急，一定把信任做到位了再问。

第二个原则：在问组织架构、人名、联系方式的时候要分开来问，不要一次性完成。否则，对方会非常敏感，而且大概率会非常防御和抵触，所以沟通的主线一定是以你作为一个专业猎头在帮助对方提供有价值的咨询，但当中可以有意识地穿插这些我们需要的信息，就像拼拼图一样，建议画在自己的本子上，有任何一点相关的信息都画出来，才能慢慢把图拼完整。

第三个原则：按照顺序先问组织架构信息，再问人名，最后问联系方式。人名和联系方式尽可能放在谈话最后问。在所有

Mapping的信息中最为敏感的就是联系方式,也是最容易被对方拒绝的信息,放在最后哪怕候选人不愿意告诉你联系方式,但是当你知道了名字要打听也就容易得多。

第四个原则:问关键信息一定要干脆利落,指令清晰。给大家两个参考话术,来对比一下是否有区别。第一个提问是,你方不方便告诉我一下CMO是谁?第二个提问是,负责中国区的CMO是谁?你觉得如果你是被问的对象,第一个问题和第二个问题在你脑海中的答案是一样的吗?

第一个问题,你方不方便告诉我一下CMO是谁?你脑海中思考的首先是"方不方便",其次才是那个人是谁。而第二个问题负责中国区的CMO是谁?你脑海中思考的是否是那个人是谁?

提问的方式一定要尊重大脑的特点,大脑其实是很懒惰的,它的原则就是能不动就不动。所以当它听到一句话里有2个问题时,它往往会优先处理听到的第一个问题。因此,当它听到方不方便的时候,大脑并没有思考这个人是谁,而是方不方便,这些信息是不是大概率都是不方便的?并且你也给了候选人拒绝你的台阶。而当你清楚明白地给出指令,负责中国区的CMO是谁?大脑会根据你的指令进行搜索,从而增加了他回答你的概率。

有些顾问的问题特别含糊,经常会问,你能帮我推荐点人吗?你会发现这个问题问出去往往石沉大海,或许未必是对方不愿意告诉你,而是你这个问题太大了,对对方而言有点烧脑,对方跟你只是一个简单的电话的信任关系,大概率是不愿意为你付出太多努力的。所以，对方会选择搪塞你，跟你说我想想有合适的再推荐给你，但其实挂完电话从此也就不了了之了。你想想，假设他们公司有1000个人，你让他推荐点人，他把谁推荐给你好呢？是他认为高质量的人，还是他认为最近有意向要动的人？这不同的维度背后的人可能都是不一样的。再次回到大脑的懒惰原则，一旦复杂了，对方就本能地想拒绝了。但是如果在你了解了他们的组织架构后能够清楚地提问：负责中国区的CMO是谁，这个问题基本上就只有一个答案，所以他可能就更加愿意回答你。

第三步，与每个候选人至少深聊1小时以上，并且形成一个3D记忆标签。这里的1小时并不是让你和对方聊人生或者聊家长里短的八卦，而是要通过深度的沟通对候选人产生一个全面的评估和多维度的记忆标签。

同时，你可能也会特别疑惑，假设每个目标候选人都要深聊1个小时，那么多的信息怎么可能都记住呢？

这里我给你一个1小时沟通的框架供你参考，既能让你清楚地知道1小时的沟通方向，同时也能帮助你把每次聊完的信息快速简洁地整理出来，形成一个记忆标签，这样你的大脑就有机会记住了。心理学做了大量的脑科学研究，找到了增强记忆力的高效方法，就是模块化。每个人脑容量的储存空间是7±2个模块，就是再复杂的东西只要你能有意识地让他变成5~9个模块来记忆，大脑就可以很好地记住。比如你是如何记住11位数的手机号码的，如果你一个一个地记数字，基本是记不下来的，但是如果你按照334或者343的节奏来记是不是很快就记住了。因为334或者343就是把11个数字变成了3个模块，符合大脑的记忆结构。

这里我把我的沟通框架和记忆模块提炼出来分享给大家，你们学会后效率将会大大提高，而且价值感爆棚。因为你记忆中的人选越多，你可以反馈给客户的高价值信息就越多，做单子效率也会大幅度提升。为什么我能做到在讨论一个职位的时候立刻说出候选人的背景并与客户探讨，为什么当我发布一个职位，就有一群人来找我，我却可以快速地挑选出1~2个我认为适合的人重点沟通，然后推荐一下基本就关掉，甚至实现一推一中，其实都是因为我已经拥有了这个基本功。

这个1小时的沟通框架如下：

① 工作经验；

② 个性特征 & 内核特质；

③ 看机会的内在核心需求；

④ 核心优、劣势；

⑤ 跳槽的核心动机是什么；

⑥ 基本信息：薪资，期望薪资，是否已婚已育等。

希望你可以从现在开始，每个电话都按照这个模型来沟通和总结，一段时间后你一定会为你的大脑点赞，发现你的记忆力突飞猛进。

4.如何实现客户源源不断

> ① 高效开发客户的两大方法：
> 方法1：用红花候选人敲开客户的大门；
> 方法2：用影响力让客户主动找到你。
> ② "好客户"的标准：
> 标准1：客户需求是否紧急；
> 标准2：你的合作对象是否有推动力或者能起到拍板的作用。

开发客户对于猎头而言常常是非常挑战的事情，毕竟客户是我们生存的希望。

如今环境对猎头的挑战也是越来越大，客户的合作条款变得越来越苛刻。这十多年，我眼看着猎头费点数从25%甚至30%，一路跌到如今的20%甚至18%，也看到付款方式从曾经的一次性付款变成了如今习以为常的55对半付钱，甚至还出现了不少霸王条款，比如担保期离职要求猎头100%退款。这就相当于猎头白做了那单。最尴尬的是当你去和客户商量的时候，客户的态度从以前的争取一下到如今的不少客户就一句话：你能做就做，不能做就算了。这哪里有所谓的平等合作的味道。

除了合作条款越来越苛刻之外，现在开发客户简直难如登天。前段时间有个入行20多年并且也是一家成熟猎头公司的老板说，他天天蹲在客户门口，结果都拿不回来几个单子。在人脉资源、客户关系、专业度方面，他肯定是可以的，但结果却是一样让人尴尬。

在如今这个生存环境如此挑战的时代，我们要如何才能完成破局？降低客户开发成本，并且最好还能让客户源源不断？

今天这种环境，即使你再天天盯着HR一起吃饭、喝咖啡、送礼物，我个人都觉得基本没啥可能性了，猎头行业的赚钱方式已经从以前的资源型赚钱变成了如今的专业服务型赚钱了。曾经是增量市场，HR需求旺盛，预算充足，对他们而言给谁做都是做，当然要找关系好的来做；但如今HR手上预算缩减，能用猎头的几乎都是千年老大难的单子，并且也就那么几个。我一个很好的朋友转去甲方做HR招聘负责人，她说他们今年的目标就是要干掉3家猎头公司。你没听错，甲方HR要干掉他们的供应商，并且公司给他们定了和猎头差不多的KPI，要求内部解决大部分的招聘。所以对HR来说，钱必须花在刀刃上，只有疑难杂症才能交给猎头来做，这样才能完成他们自己的KPI。那你说HR对猎头的选择是不是得非常谨慎，而且必须找真正能解决问题的专家猎头来做，否则无法交代啊。

如果你理解了这些变化背后的原因，那么理解我接下来分享的客户开发的方法就会简单很多。这里我来分享两个符合这个时代市场需求特点的客户开发的方式，它们不但能降低你的开发成本，让你的客户源源不断，还能让你化被动为主动，实现精准触达。

方法1：用红花候选人敲开客户的大门。

如今想要开发客户的核心关键并非给足情绪价值，而是首先要给足功能价值，以最快的速度让对方知道你是可以帮他解决问题的。

我之前向我们的学员介绍了不少的客户，每个客户大概都有20多位学员来争取，我粗略归纳了一下学员们争取的方式，无一例外的都是发一份自己公司的介绍，这份公司介绍几乎都是千篇一律提到了公司成立时间多久，公司能覆盖哪些领域，公司有多少优秀的顾问等。说实话，看了这20多份公司介绍，如果我是HR，我是没有太明显地感觉到谁能真正帮到我，我只是收到了一个信息，就是每家猎头公司看起来都挺"牛"。这就好比今天我头痛，我去了一家三甲医院看病，我知道这家医院可能还可以，但我却不知道应该去找什么科室，找什么医生。

但是如果你换一种方式，比如你听说这家客户目前有个CMO已经找了很久了，你就可以直接从你的人才池中找出一个经验背景和内在特质都不错的候选人发给客户，你觉得如果你是HR你会有什么感觉？有没有正在愁着如何面对用人部门的催促和挑战时，就来了个看起来特别合适的候选人，有种雪中送炭的感觉？此刻你会不会至少先和这个猎头简单了解一下候选人的情况？这是不是一个足够让客户有动力和你沟通一次的理由和机会？当你拥有了这次沟通的机会你是不是就拥有了敲开客户大门的机会？

这里需要特别提醒一下，请思考一下在你的脑海中什么叫作客户？你觉得是不是只有签完合同的才叫作客户？如果你是这样认为的，建议你打开一下思路，因为现在大部分大厂并非是先签合同再合作的，很多大厂都会让你先做Trial Case，就是先试单，确认你真的做得出来才会和你签合同正式合作的。所以如果你能把这个思路打开，你会发现对于猎头而言，客户其实无处不在，任何有你能交付的真实需求的地方都可能是你的潜在客户。

我就用这样的方式完成了不少客户开发，而且效率极高，很多时候只推荐了一个红花的"敲门"候选人，这个单子就直接完成了。当然用这个方法你一定要聚焦深挖，否则效率是无法提升的。我印象中特别深刻的一次是，我之前搞定过一个行业里出了名难开发的客户，而且还是一个大单，我只推荐了一个候选人，Offer就直接顺利关闭。这个客户难搞是因为他们的HR之前就是专门做那个领域的猎头，手上积累了大量的相关人才，其次据说这家公司的HR还有一家跟他有关联的猎头公司。所以总的来说，这个客户的开发难度是地狱级，职位交付也是地狱级的，即使当时他们发展得非常迅猛，需求量很大，大单也很多，但猎头们却只能旁观，无能为力。

而我在做人才池积累的时候，我聊到过一个十多年几乎没看过机会的总监，背景和能力都非常扎实，而且那时候看机会动机非常强烈。我正好在大量沟通的过程中打听到这家客户的这个职位已经空缺很久了，他们要求非常高。于是我就拿着这个大红花的简历和HR约了一次面谈的机会。HR听完我的介绍立刻表现出了兴趣，问我能否安排见一次面。一切就这样开始了，候选人和HR沟通完，HR立刻安排了和老板见面，果然"一见钟情"。这个150万的大单就这样一波操作直接完成。

方法2：用影响力让客户主动找到你。

这是一个酒香也怕巷子深的时代，每个人的时间精力都非常有限，客户每天可以接到上百个猎头的电话，他们并非不友好，而是确实没有足够的时间来甄别谁是好的，谁是不够好的。而且你也会发现一个非常现实的问题，就是现在很多时候，客户并不接电话，因为电话太多，会议也太多，时间精力根本无法覆盖，所以可能你的确非常好，但他真的不知道，世界上还有个这么好的你存在。因此你需要思考一下，如何让客户更有效地知道你，注意你，甚至被你的专业所吸引。然后你就应该把时间精力都放到这里，这才是把时间花在刀刃上。

所以我们需要用更高效的工具来助力我们"被知道"。因此，当下打造个人品牌其实是一种非常重要的开发客户的方式。如今的自媒体发展这么兴盛，如果你想要传播自己还是很容易的，甚至成本都是很低的。很多人说，自媒体上不都是搞娱乐的吗，谁要看专业的？那我问你，你算算你每天花多少时间在这些自媒体平台上？客户的注意力在哪里，哪里就有机会成为舞台。而且很多时候需求也是被开发出来的，或许此刻客户的确是想休闲娱乐一下，但是刷着刷着，正好刷到了你正在讲如何搞定红花候选人，虽然此刻本意想放松，但你的话题似乎正好能解决他心里很痛的问题，因为有个职位他已经找了1年了，也被用人部门挑战了很多次，但是真的很难说服那些红花候选人加入进来，下周又要开会和用人部门解释这个问题了，你觉得此刻他会不会用休息的时间来多看你两眼。如果他看了觉得你说得特别有道理，让他醍醐灌顶，你觉得结果会是什么？大概率是他被你吸引了，觉得你是有可能帮到他的。那有没有可能他会主动联系你，甚至把有限的猎头费交给你？因为你已经获得了他的信任。

我从2022年开始转型打造"猎头酵母Ra姐"这个IP的过程中，其实已经真实地看到了用新工具的价值和威力了。虽然我是教大家如何做猎头的，但我的不少候选人和客户都对我说，他们不做猎头也都听得津津有味，有极强的获得感。而且不少客户的确通过这个IP主动来联系我，他们觉得我特别专业，可信赖。我们自己的Soho团队有好几个独家客户也都是通过IP的方式引来的，而且你会发现通过这样的方式引来的客户，对你也比较开放，他们更愿意分享一些对我们有价值的信息，这样单子的推动速度也会快很多，因为一般主动找来的客户一定是意愿更强烈，需求更急迫的客户。所以我们一定要与时俱进。

说到这里，我再邀请你思考一个问题，什么是好客户？

很多人本能地认为知名企业就是好客户，或者跟HR关系特别好的客户就是好客户。作为一名曾为80%顶级世界500强大厂和国内顶流企业以及普通的民企提供过服务的猎头，我想分享一下我对于好客户的定义。

如何判断一个客户的质量，我建议可以考虑从以下两个标准来判断。

标准1，客户需求是否紧急。 无论是多么知名的企业或者多大的单子，如果客户需求不紧急就没有十足的推动力。单子难做没关系，但是要是客户想要关掉并且要急着关掉的单子，这样客户才愿意配合你一起积极想办法，你们也才能变成"革命战友"，为了一个共同的目标并肩作战。而且对于我们猎头来说，一个单子做半年也是做，做半个月也是做，时间对我们而言绝对是最大的成本。所以在有选择的情况下，一定要记住，努力先做有机会快速关掉的职位。哪怕看起来这单只能赚10万元，另一个职位可以赚20万元，你只要把时间因素放进去，你就完全可以计算出单位时间内的性价比了。因此，客户对于交付时间的紧急程度是个非常重要的考量指标。

标准2，你的合作对象是否有推动力或者能起到拍板的作用。

谈合作，"队友"很重要。当我们和HR合作的时候，大部分时间我们都是并肩作战的队友关系。所以，你在选择应该把时间放在哪些客户身上的时候，也一定不要忽略了队友质量这个因素，否则真的会吃大亏。

我分享两个我亲身经历的非常具有代表性的案例。

我有一个服务多年的大客户，这家公司一年至少能给我贡献100多万元的猎头费，他们家品牌营销的岗位几乎全部都是我们关掉的。

但是这个客户的 HR 并不太好"伺候",这个客户对供应商的要求非常高,如果你问太多的问题,或者你推荐的人选质量不行,她都会特别严厉地骂你,很多猎头会特别难适应这样的风格,觉得小心脏受不了。所以我的好多同行很想做他们家的单子,但基本都无法拿下。但我就特别喜欢这个客户,虽然有时候也会肾上腺素飙升,但是我和她的配合非常高效。因为这个客户虽然对猎头比较严厉,但她是真的在解决问题,只要她看中的候选人,她会想尽一切办法来说服用人部门发 Offer。所以你可以理解为,她是属于对两端都非常有掌控力的类型,她是有能力影响用人部门做决定的 HR。因此对我而言,我不在乎她是否难伺候,也不在乎她的情绪是否稳定,我只在乎大家合作能否拿到结果。我们不能太贪心,什么都想要,一定要找最关键的核心目标。在猎头生意的领域里,其实目标往往只有一个,就是落地得到结果,其余的都是可以想办法解决的,如果你觉得自己小心脏太脆弱,那就努力让自己变得强大,如果你觉得你专业能力还不够,那就努力提升自己的专业水平。当你有了明确的目标的时候,所有的行为都可以以终为始。

再举一个反例,我实际上为那个客户服务了八年多,他们整个新部门的品牌营销相关人才都是我推荐进去的。但后来换了一个 HR,我们大概投入了整整一年的时间,但是一年的回款不到 40 万元。我当时复盘的时候就在思考问题究竟出在哪里。那个 HR 其实特别有耐心,也很讲道理,大家沟通得也特别频繁,所以合作体验相当不错,但问题是拿结果的概率非常低,对我们而言,投入产出比很差。我复盘了之后发现这个HR有一个非常致命的弱点，就是太过程主义。他的确每次都会精准地传递用人部门的想法和反馈，但是他只是在传递信息，却没有任何驾驭的功能。比如，她经常要求我们配合出市场报告，但在报告完成后，并没有对找人的方向产生任何实质性的推动和影响。随着时间的推移，我们会发现团队会逐渐陷入一种温水煮青蛙的状态，这种疲态会影响猎头顾问们的战斗力，导致他们产生一种错觉，即虽然有很多职位，却迟迟没有正向反馈。所以经过再三思考后，我最终决定放弃这个所谓的"大客户"，留出时间重新去开发更多能拿结果的大客户。

当然是否一定选择放弃，取决于你当下的核心目标，如果你是以结果为导向的，那就要去找到更多能帮你快速出结果的客户。但是如果你需要一些知名的客户来帮你做背书的话，那么这类客户也可以作为你的战略性客户，同时，你对这类客户的预期也得做好相应的调整，的确有时候战略性亏损也是种战略。但你一定要做到心中有底，才能更好地驾驭你的客户群。

以上只是结合我自己的亲身经历分享的我对于客户的选择标准。我们每个人的时间和精力资源都是有限的，因此，如何能让有限的资源产生最大的价值，是我们每个人都值得不断思考的问题，这本身也是战略的一部分。

5.候选人推荐的沟通策略

① 候选人的推荐标准从"动机＋能力"2个维度分成了4个象限，分别是：

1）高能力高动机：大红花型候选人；

2）高能力低动机：小红花型候选人；

3）低能力高动机：大绿叶型候选人；

4）低能力低动机：空气型候选人。

② 不同类型的人才的沟通策略：

1）大红花型候选人：重点探讨他的跳槽动机，搞清楚他在当下公司的处境究竟是如何的。

2）小红花型候选人：给足价值，无论是情绪价值还是功能价值，让对方记住你，下次有跳槽动机的时候可以第一时间想到你。

3）大绿叶型候选人：侧重聊企业行业资讯，八卦，把绿叶变成你的帮手。

4）空气型候选人：懂得及时止损。

猎头推荐候选人究竟是碰运气还是个技术活？

你有没有经历过因为推荐了一个超级优秀的候选人，但最终候选未成功入职，导致客户对候选人的预期值被拉到了120分，使得这个单子变成了"老大难"？或者你有没有遇到过，原本客户对你非常热情，但因为你推荐了一个他觉得不怎么样的候选人之后，他对你的态度从此就冷淡了？那究竟什么样的候选人值得推荐，什么样的候选人不值得推荐，我们要从哪些维度来判断呢？另外，还有个特别现实的操作性问题，就是针对不同类型的候选人，我们应该重点沟通些什么，才能实现价值和效率的最大化？毕竟猎头的时间非常有限。

首先，我们先来定义一下候选人的推荐标准。 很多猎头在考虑是否要推荐候选人时，维度比较单一。要么只看中候选人的能力，要么只看中所谓的意愿度，但如果你希望能实现精准的推荐，这两个维度的评估缺一不可。

我把候选人的推荐标准从"动机+能力"2个维度分成了4个象限，并给出了定义，分别是：

1) 高能力高动机：大红花型候选人

2) 高能力低动机：小红花型候选人

3) 低能力高动机：大绿叶型候选人

4) 低能力低动机：空气型候选人

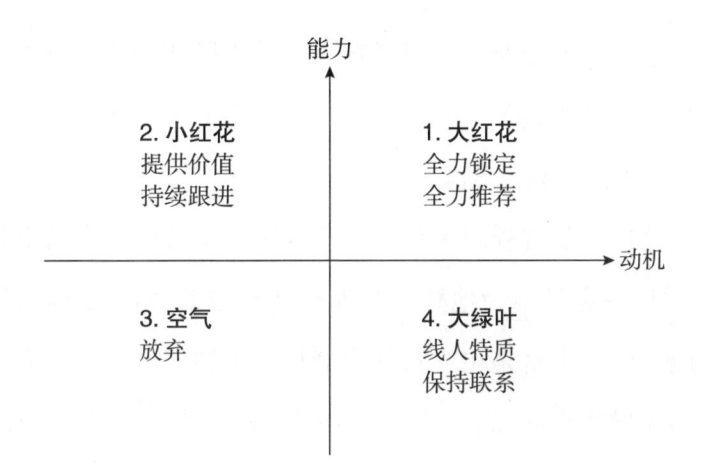

```
            能力
             ↑
2. 小红花    │   1. 大红花
提供价值    │   全力锁定
持续跟进    │   全力推荐
─────────┼─────────→ 动机
3. 空气     │   4. 大绿叶
放弃        │   线人特质
            │   保持联系
```

图 3-2 候选人推荐策略评估图

其次，针对不同类型的候选人也总结了一些推荐策略和沟通策略，供大家参考

1. 不同象限候选人的处理方式

1）大红花型候选人：全力锁定，全力推荐；

2）小红花型候选人：提供价值，持续跟进；

3）大绿叶型候选人：助手特质，保持联系；

4）空气型候选人：直接放弃。

2. 不同象限候选人的沟通策略：

1）**大红花型候选人**：重点探讨他的跳槽动机，搞清楚他在当下公司的处境究竟是如何的。

我把跳槽动机分成两种因素，分别是人的因素和非人的因素。人的因素指的就是老板、团队和同事之间的关系；非人的因素就是薪资、title、发展空间和公司发生变动的情况（重组、裁员等）。揭露一个非常重要的秘密，一般候选人在关于跳槽动机部分的回答比较乐意回答"非人的因素"，但最终是否会坚定地选择离开，往往都和"人的因素"息息相关。

这也就进一步解释了为什么有些候选人会接受一个薪资较低的Offer，背后一定是因为他感觉与那个薪资较低的Offer的老板更有化学反应，说白了就是更喜欢那个老板。也解释了为什么有些候选人面试的时候特别起劲，但到了真的要离职的时候，却变卦了。老板一哭二闹时，候选人就没辙了，最后心一软就算了，不动了。所以碰到大红花型候选人，你的沟通重点一定是要多多放在深度挖掘他的跳槽动机上，以及当下他是否还有其他的机会。让一切可能变卦的因素尽早地被扼杀在摇篮里。

2）小红花型候选人：给足价值，无论是情绪价值还是功能价值，让对方记住你，下次有跳槽动机的时候可以第一时间想到你。因为认同你的专业，他们愿意推荐更多的朋友和同事给你，红花的身边往往都是红花，但只有取得足够的信任才能有机会获得更多的推荐。

什么叫作情绪价值，就是给足共情。很多顾问会把沟通变得非常机械，或者就是一问一答。我看到有些顾问会拿着一张问题清单，一个一个地提问，过程中没有任何的共情、反馈，这种方式给候选人的体验是极差的，哪怕你手上是一个黄金机会，对方都非常有可能因为觉得跟你聊不下去而放弃，更不要说你的机会有可能是"烂大街"型的。但你会发现有些顾问就特别会给情绪价值，无论对方考虑不考虑，一场沟通下来好像都能和候选人变成很好的朋友，大家相谈甚欢。交朋友的核心就在沟通，通过沟通才能让两个原本毫不相干的人产生对彼此的兴趣，所以给足情绪价值是专业顾问的必备技能。如何给足共情，我在候选人教练式猎头沟通技术中会详细阐述，这里先不过多赘述。

什么叫作功能价值，就是能给对方提供一些专业的资讯。比如，现在行情如何，什么公司的人比较值钱，什么类型的公司需求比较旺盛，候选人应该如何实现他比较理想的职业路径等。核心目的就是让对方感到你对他有帮助，因此你的聚焦专注的打法以及实操过程中的每天复盘和总结都非常的重要，这种价值并非临时抱佛脚就可以获得，而是需要在平时有意识地积累，才能在关键时刻发挥作用。

3）大绿叶型候选人：侧重聊企业行业资讯，八卦，把绿叶变成你的帮手。

能把资源最大化地利用好也是战略的一部分。有些猎头顾问只愿意在大红花身上投入时间，但发现大红花只有10%，所以感觉自己90%的时间都是浪费。但我们常说一个有智慧的人要懂得"人尽其才，物尽其用。"其实候选人除了是我们所谓的"赚钱"的产品，他们还具有很多额外的高价值。

首先，他们可以是我们的帮手，帮助我们提供高价值的资讯。比如当你知道哪家公司在重组，里面的人的能力和客户要求相当高，你觉得这个信息有没有价值？而这个一手信息很可能就是大绿叶告诉你的；包括很多人很困惑如何做Full Mapping（映射），其实大绿叶型是我们特别好的线索对象。大绿叶型候选人的特点是：有较高的求职意愿，但他们可能因为还处于能力相对较弱并被选择的状态，因此更渴望和你有更多的链接和互动，所以他们往往会更加友好和耐心地对待猎头，如果你能让他们感受到你对他们的支持和帮助，你就能获得很多意想不到的收获。

其次，候选人也可以是我们的行业师傅。很多新人猎头总是抱怨老板不教你，你什么都不知道，怎么去沟通工作，其实候选人才是你最好的师傅，尤其是他们自己专业的工作内容，你常常会发现JD（工作说明）和简历上的每个字都认识，但是你真的不太理解他们究竟在干什么，因为你没有真实的场景，所以难以理解。而当你深度聊过100个候选人之后，你便会慢慢有种身临其境的感觉，你会开始理解候选人的处境、场景，所以对职位和候选人的理解也会提升百倍，甚至还可能提升你自己的思维。比如我自己，很多人觉得我做猎头的思路和打法与传统猎头都不一样，我2017年开始写公众号来吸引客户和候选人，2022年又开始做IP，包括我创立的这套猎头的打法都很独特。有一个15年的资深猎头跟我做Soho后感叹地说，他真正地找到了做猎头的乐趣，没想到猎头还可以这样做。有一个10年的资深猎头顾问说，听了我的打法后感觉之前自己的猎头都是在瞎做，白做了，等等。我的这些独创的打法和思维其实都是我的营销候选人带给我的，过去10年我天天听他们的营销故事，这对我来说产生了很多深远的影响。

此外，候选人还可以是我们的商务拓展对象或者商务拓展线索的来源，你有没有碰到过这种场景，你和候选人聊完，候选人说你很专业，但是他最近真的不想动，但他在找他的下级，他愿意把你引荐给他们的HR？其实当你用心对待每个候选人，并且让他看到你的专业能力后，这种情况是很容易发生的。或者有没有候选人会告诉你他去面试过哪些公司，哪些公司在找什么样的候选人，候选人对这些公司的评价如何，你认为这些资讯重要吗？

所以作为专业猎头，你要认真用心地对待每个候选人，当你用心了你就会发现身边资源源源不断，用之不竭。因此，以后即便碰到能力不是那么强的候选人，也要努力提供你作为专业猎头可以提供的价值，成人达己。

4）空气型候选人：有句话说得很好，人要懂得及时止损。

虽然我也非常认同每个人都是有价值的，每个人都是宝藏，这一直是我从未改变过的底层信念。但是从业务的角度来看，人才作为猎头交易的对象，的确还是有他在猎头交易范围内的所谓的价值的。猎头实际上也在进行投资，我们是在人身上投资时间，而时间是有限的资源，所以哪里应该投入，哪里应该放弃，还是要做到心中有数才行。

对于低能力且低动机的候选人，其中也包括一类对猎头极其不尊重的候选人，选择及时止损并不用觉得愧疚和难受。当然，前提是在你提供充分的专业和用心服务的情况下，如果一个候选人不仅能力不足，而且缺乏意愿，甚至还对你特别不尊重，那就直接放弃。

在我聊过的那么多候选人中，我碰到过一个特别有意思的候选人，我想了解一下他的优势和能力水平，他却非常挑衅地问我："跟你说有用吗？你懂吗？"我就非常坚定地告诉他："你不说怎么知道我懂不懂，而且我推荐给客户的所有候选人都必须是经过我全面判断的。如果你觉得我不懂的话，那我可能也无法帮你推进，你可以另找他人。"猎头是一份专业的工作，我们可以共情，但不可以讨好，因为讨好没有用，这是一份很重要的姿态，把时间留给对的人。

6.如何快速识别优秀人才

> 人才评估绝不只是经验背景的评估，更重要的是冰山下特质的评估。
>
> 人才评估模型分为3个部分。
>
> ① 冰山最上面是经验、资源、背景；
>
> ② 冰山中间是核心能力；
>
> ③ 冰上最下面是内核特质。

你有没有好奇过为什么有些人看着特别优秀，无论是学历、经历，还是人的专业能力都很过硬，但是入职一些企业后居然会过不了试用期？

我之前成功操作过一个地狱级难度系数的职位，是帮一家细分领域的头部民企找一个CMO，老板特别注重品牌，就想打造一个自己梦想的品牌，打入全球市场。这个职位之前花了300多万元找了一位品牌营销界的"铁娘子"，一路顶流外资大厂的背景，而且的确是战绩赫赫，行业口碑也非常好，公认的实力派CMO，成功帮助不少品牌实现了起飞的状态，但是她入职到我们这个客户的公司做了3个月就被裁掉了。最终在找了一年多也找不到合适的CMO的替代者后，他们找到了我。我为他们推荐了一位候选人，起初，HR还有一些顾虑，认为这位候选人的简历好像不如之前那位CMO那么光鲜亮丽，怕被老板拒绝，但我就跟HR说了两句话，就让她决定继续推进下去。果然，老板与候选人一见面当场就决定给Offer了，现在这位候选人在这家公司已经工作了将近3年。你可能特别好奇我说了什么。

我说这个候选人有顶级外企的经验，也有创业公司从0到1的经验，她在品牌层面的基本功足够扎实，而且她也能将这个基本功更好的应用；除此之外，更重要的是这个候选人有极强的共情能力和同理心，而且心智非常成熟和稳定，所以她是非常有机会能在你们公司留下来的。

事实验证了我说的话，候选人跟我说她加入这家公司3个月的时候真的很想辞职，因为这个老板脾气特别暴躁，性情多变，常常在高管会议上随便骂人甚至开人，更挑战的是老板还要求他们每个人都能猜到他内心的想法。有一次，我的候选人带着她的供应商去跟老板开会时，被老板骂到无地自容。我的候选人说她真的很想辞职，但是作为一个心智成熟的人，她还是决定先努力沟通一下，看看是否有误会再做最后的决定。于是她非常真诚地发了一份邮件给老板，解释了所有的来龙去脉，也很真诚地表达了这件事给她造成的一些影响和真实的感受，没想到就是这样一封邮件，老板居然给她"赔礼道歉"了，老板也开诚布公地解释了自己生气的原因。候选人说他们进行了一次深入的谈话，这次交流让她对老板产生了更多的欣赏和理解之情，她更深刻地体会到了老板的难处，也因为这次真诚的沟通让他们增加了更多的默契，使他们之后的配合更加顺畅。

通过这个案例你有没有一些新的发现？我们传统的猎头和招聘者往往特别看中的是候选人的经验和背景，看中是什么学校毕业的，是哪些大厂出来的，这的确是非常重要的参考依据，但是通过这个案例我想分享的是，一个真正适合的候选人除了冰山上面的经验背景等外显的部分之外，还有冰山下内隐的部分，而且往往冰山下的那些特质才是真正匹配的核心关键。一个背景再好的候选人如果不能生存下来，一切皆为空谈。

我深度聊过1万多个的候选人，成功完成过200多个高管匹配，并且我推荐的候选人在企业的平均工作年限是3年以上，甚至有些候选人可以在一家企业工作超过10年。于是，我总结出了一套独创的360度的人才评估体系，无论你从事什么行业或者做什么职能，你会发现这套评估体系实际上都是适用的。真正的人才，底层的部分其实是有很多共性的。在本章节中，我将与大家具体分享一下真正的"黑马"是什么样子的，并且深度剖析一下那些共性的底层特质是什么。

图3-3 360度人才评估模型

图中内容：
Ra姐独创
360度人才评估模型

简历评估
经验｜资源｜背景

核心能力评估
· 战略思考能力
· 执行能力
· 情商

内核特质评估
· 心智模式
· 思维模式
· 价值观
· 能量值

首先，我把人才评估模型分成3个部分。

冰山最上面是经验、资源、背景。这些信息通常是我们从简历上就可以获得的。

冰山中间是核心能力。就是我们通常讲的软实力，比如，战略思考能力、沟通能力、执行能力等，这个部分的能力是可以通过学习以及刻意练习习得的。

冰上最下面的是内核特质。比如心智模式、思维模式、价值观、能量值等，这部分的特质是结合我们从小到大的成长环境，多年的历练形成的特质，有点类似心理学里的人格特质的部分，是相对稳定的，不太容易改变的。

本章节，我们会重点来分享一下冰山最下面的内核特质。在内核特质中，我分成了四个维度来帮助大家进行候选人评估，分别是：

① 心智模式；

② 思维模式；

③ 价值观；

④ 能量值。

第一个维度：心智模式。

这个模式其实就是考查一个人成熟度的指标，这在人才评估中是非常重要的标准。你有没有发现有些候选人，学历和企业背景都很不错，沟通下来专业能力也很扎实，但是好像就是做不了总监或者部门负责人，哪怕今天通过跳槽勉强拿到了总监的职位，但是往往做了几个月可能因为不能胜任又被打回原形，或者自从做了总监就开始出现频繁跳槽的状态，好像哪里都有问题，这类候选人往往会抱怨命运不公，怀才不遇。

那么总监和经理究竟有什么核心差异呢？在我看来，心智成熟度就是一个非常重要的指标。那么怎么来评估衡量心智成熟度呢？给大家提供一个我总结出来的评估模型：成熟度的铁三角模型。

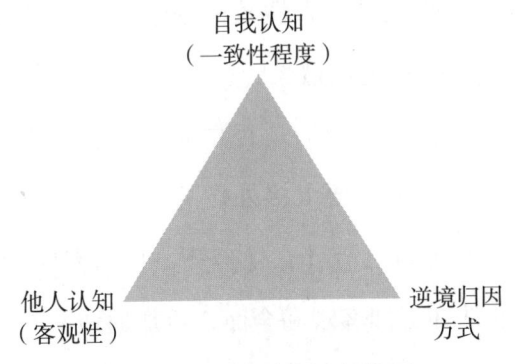

图3-4 成熟度铁三角模型

心智成熟度可以从 3 个维度来做判断。

第一，自我认知的一致性程度。如何判断呢？你可以重点关注候选人的"认同倾向"，他是属于外在社会认同倾向还是内在自我认同倾向？主要表现在候选人在看机会时特别看中什么，比如有些候选人会一再坚持就要 title、薪资等这些外围的需求。这些需求本身没有错，的确是跳槽的动力之一，但你有没有发现有些人会特别较真，期待 30% 的涨幅，少一分都不能接受。这种时候你一定要去深挖背后的原因，通过背后原因的挖掘。你就可以得到一些判断候选人特质的依据。比如有些人之所以一定要 30% 涨幅，少一分都不接受，是因为一个她认为并不如她的同事拿了一个涨幅 30% 的 Offer，她觉得一个能力不如她的人都可以获得这个涨幅，那她也一定要得到这个涨幅。从这个角度来说，这个候选人是为了获得外在社会认同还是内在自我认同呢？肯定是外在社会认同，她是通过与别人比较来确定自我的价值和认同的，甚至她看机会的原因也是为了证明自己不比同事差而非她自己的职业发展的需求。

而那些内在自我认同一致性较高的候选人在选择机会的时候，更多关注的是自己的兴趣和擅长，往往他们更会看重是否有更多发挥自己能力的空间，或者他们是否真的特别喜欢这个领域，等等。这种倾向的候选人并不需要太多外在的东西来确认自己是优秀的，而是非常清楚地知道自己有什么优劣势，自己需要什么。通俗点来说就是对自己的认知更加客观和全面，更加通透。

第二，他人认知的客观性程度，这里我把客观性程度分成两种，

一种叫作共情型（多角度看问题），另一种叫作EGO型（自我为中心）

　　有句话叫作"优秀往往难以卓越"，我来解读一下这句话，我看到很多职场精英的专业能力绝对是数一数二，但是这些人未必能真正成为大才之人，或者很多往往止步于自己的专业。我遇到过很多顶级大厂的管培生，他们的确可谓人中龙凤，都是每年应届生中能力最强的学生，也是经历过千军万马过独木桥的，不少工作3~5年就年薪50万元以上了。但是你会发现在这个群体中有不少人非常以自我为中心，他们总是以"我"开头，在他们眼中往往只有他们自己的需求和利益，而并不在意这个世界还有其他人。所以他们一遇到问题，就是我是受害者，全世界都伤害了我。当人有这种思维的时候，是很难从正面想问题的，更不要说解决问题了，这类人更多的是推卸责任。他们也有另一个名词叫作"职场巨婴"。

　　与之对应的还有另一种类型就是共情型，他们的特点就是看问题会比较多元化视角，会从自己的立场、他人的立场等多角度来看待和分析问题。当视角更多的时候，人往往更容易理解冲突，有了理解就能更好地接纳并且处理冲突。所以这类人往往情绪更加稳定，因为这个世界本就没有绝对的对错，只是人从不同的角度和立场看问题，感觉不同而已。就比如今天你没能升职加薪，从你的角度来说你可能觉得特别委屈，因为你觉得你已经全力以赴了，但从你老板的角度来说，你的确是一个很努力的人，但是你的结果却不能满足老板的需求。你的一个同事每个月都能拿下几个大客户，给团队带来很好的业绩，而你老板的KPI是他的团队业绩，所以从这个角度来说，他会把仅有的一个升职加薪的名额给你的同事。当你只站在自己的角度看问题时，可能只会感到愤怒，但是当你理解了老板的KPI的时候，你或许会意识到可以尝试结果导向，优化自己的时间和精力的分配，从而拿到更多的结果。

第三，逆境归因方式。就是当出现逆境的时候，一个人是如何看待这个逆境产生的原因的，是把原因归结为别人还是自己。我们也可以分成两种类型，一种叫作自我归因，一种叫作他人归因。

这个维度的判断，你只需要问候选人一个问题：在你的职业生涯中最挑战的时刻是什么？你觉得为什么会发生这个逆境或者挑战？有些候选人可能会说到当时的项目之所以失败就是因为公司的重心不在这，老板从头到尾没关心过项目的进展，也没有任何资源的支持，从头到尾就他带着两个小朋友，而且几乎没有什么预算。他带的小朋友还特别初级，刚毕业什么都不会，完全不能有任何的支持。听到这里，你觉得这是一个什么归因类型的候选人？对了，这是属于典型的他人归因，就是出现的问题全是别人的错，别人不给支持，不给关心，我是个受害者，我冤枉。当一个人是这样归因的，你觉得他会改变自己吗？他会不断优化自己吗？显然是不会的，他只会觉得自己怀才不遇，自己被这个不靠谱的老板和企业耽误了。

另一种候选人在碰到类似情况的时候可能会说，如果让我重新再做一次的话，我可能会在时间安排上和团队沟通上再提早一点，这样能让大家有更多时间来准备，而不至于像上次那样因为时间不够导致项目最后草草结束，也包括会再和老板去争取一下资源，获得更多的支持。同样的境遇，这个候选人的回答我们可以看到更多的是"自我归因"，当出现问题的时候，这类候选人更多的是思考自己还可以再做什么，如何让结果更好一点。

第二个维度：思维模式。

职场中，我们有时会面临需要接受一些全新的任务，可能之前从未有过成功的经验可以借鉴，或者从 0 到 1 开发一个新产品。当今时代，这种情况变得越来越常见，因为许多传统成功经验在现今往往不再适用。包括创业者，其实每天都在面临着各种从 0 到 1。

我们发现候选人在面临这种情况时，选择可能存在特别大的差异。有些人面对这样的创新任务会表现出巨大的兴奋，甚至说他们会不断地主动去寻找这种类型的机会和任务，你有没有听过有的候选人说：每次做从 0 到 1 的项目的时候，感觉就像自己养了一个孩子一样，特别有成就感。但有些人碰到这种场景，就会本能地觉得自己被边缘化了，而且非常恐惧。没资源、没支持、没成功经验，完全不知道该如何启动，并且也完全不愿意接受。

这两种截然相反的反应，背后究竟是由什么原因产生的呢？其实这就是典型的一个人的思维模式，思维模式分成两种类型，一种叫做成长型思维模式，另一种叫作固定型思维模式。

成长型思维模式的人，他们往往更愿意接受从 0 到 1，更愿意接受更多创新的任务。他们会把这些任务看作自己能力锻炼和成长的一次绝佳的机会，他们相信任何能力都是可以通过努力和刻意练习获得的，他们会更加看重过程中能力的提升和习得，而非最终结果是否成功。

而固定型思维模式的人，他们更愿意接受循规蹈矩的重复动作，他们对于这类创新的任务产生本能的抗拒和排斥，因为他们特别害怕做得不好，害怕失败，他们更看重结果，他们更相信天赋，觉得人的能力是固定的，没有天赋怎么学都是没有用的。所以，他们更喜欢待在自己的舒适圈，破圈会让他们感到心惊胆战。

这两种不同的思维模式，就会导致行为上的反差，从而导致能力上的巨大差异。

拥有成长型思维的人才愿意接受新事物，愿意不断学习新技能，愿意不断突破自己的舒适圈，就比如埃隆马斯克，他为了帮助人类登上火星，他创造了新能源汽车特斯拉。他说他这一路上克服了很多困难，当时他看中的工程师都不愿意来他的公司，愿意来的工程师又解决不了他的问题，所以他自己从0到1研究探索，克服了一个又一个的技术难题，从而才拥有了如今的SpaceX。

拥有成长型思维的候选人，你会发现他们对环境的适应能力会强很多，无论是从外企去民企，还是从大厂去创业公司，他们更加"柔软"，可以根据环境的需要不断地完善自己的能力，从而找到更多的突破口和解决方案。所以，思维模式是判断一个人才是否是高潜力的重要指标。尤其是当今的年代，如果能遇到一个具有成长型思维的候选人，一定要牢牢抓住，无论他之前背景如何，具有这样特质的人会给你带来很多惊喜。

第三个维度：价值观。

我们常说人和人之间有化学反应，但你有没有好奇过化学反应究竟是什么呢？如果无法定义它，我们只能凭运气。在我看来，化学反应的本质其实是价值观的一致。我把价值观也分成两种，一种叫作成就驱动型，另一种叫作利益驱动型。这两种价值观并无绝对的好坏之分，但是在匹配的时候千万不能错配，否则一定是"三输"的结果。

就比如我之前遇到过一个候选人，他要看机会的原因就是跟老板的理念完全不一致，这导致他感到工作非常心累。这位候选人是从事教育行业的，他是一位特别热爱教育的人才，怀有一份强烈的情怀，希望能够将教育落到实处。然而，他的老板却把那个项目看作一个金融产品，希望跑通之后就卖掉变现。所以一个是为情怀成就而做，一个是为了利益而干，一个是考虑长远价值和利益的，而一个只看当下短期的收益，这样的两个人碰在一起怎么可能形成真正的协同，创造出真正的价值呢？

在一些互联网大厂中，他们设立了一个叫作"闻味官"的角色，这个官绝对不是走过场，而是真的有决定是否录取的投票权的，他们的职责就是确保价值观的一致性。无论前几轮中业务部门评价有多高，只要价值观不一致，他们还是会果断地拒之门外。

我之前就碰到过一个候选人，这个候选人一路大外资品牌背景，论公司背景、学历、专业能力绝对可以算是数一数二的，但是这个人去那家互联网大厂面试，去一次失败一次，连续3次都没成功。

最后他说他再也不会去面试这家公司了。原因是什么呢？就是因为这家公司希望招聘具有创业精神的人才，而这个候选人虽然各方面都堪称完美，但是他有个典型的职业经理人心态，对他来说就是给多少钱干多少活，计算得非常精准。就因为这个原因，他与这家企业最终失之交臂。

第四个维度：能量值。

这里说的能量值指的是心理能量。也可以分成两个维度，一个是热爱程度，另一个是乐观程度。

从一个人表现出来的能量值的高低是可以判断出这个人对这份工作的热爱程度的，而且当一个人表现出来的能量越足，你就会发现她的抗挫折能力就越强，越容易拿到优异的结果。能量值的高低可以通过候选人分享时的语音、语调、眼神等方面直观地感受到。

当你在问候选人专业能力相关的问题的时候，你会发现人和人的差异也是很大的。有些人的表达描述会让你感受到她是全情投入的，他在分享的时候会表达很多自己的所思所想，也听得出他做过很多的实践和努力；而有些候选人在表达自己的项目经验时却淡如开水，听到的内容就像是个流水账，她更多描述的只是流程，他做过一些什么，索然无味，毫无灵魂。唯有发自内心热爱的人，才会表达出灵魂。当一个人做着自己热爱的事情的时候，她会获得更多心流的感受，而这份心流所带来的快乐，几乎等同于你在游乐园里玩耍所带来的快乐。所以热爱是可以让人获得源源不断的能量的，也可以抵御岁月漫长。

心理能量还有一个很重要的维度就是乐观程度。大家可能都听过一句话:"悲观者往往正确,而乐观者往往成功。"马云也曾说过,成大事者有个非常重要的特质就是乐观。乐观和悲观并非是事情的本身,而是看待事物的角度。

　　同样在一个预算紧张的场景下,有些候选人会表达的是,我们依然可以先来盘点一下目前有哪些资源是可以使用的,甚至可以挖掘出更多资源的价值,用资源替代预算去换取更多的资源,在他们的描述中听到的更多的是正向的能量以及可以解决问题的决心,在这类候选人的表达中你能听到的是各种希望和光明的未来;而另一些候选人可能会表达的是抱怨,不给钱还要让人干活,不可能。在这类人的描述中听到的更多的是无奈,不得不,没办法,那些让人比较沮丧甚至绝望的信息。在这两种场景下,你一定可以清楚地感知到哪种类型更有耐挫力、抗压力,更能有效地解决问题。

7.沟通影响力实战案例

> 沟通中的4个核心的"道":
> ① 真诚是最大的套路;
> ② 沟通中始终要保持好良好的信任关系;
> ③ 区分信息和认知;
> ④ 保持价值观的中立。

当你千辛万苦好不容易找到一朵大红花候选人,但没想到候选人坚决不接受你推荐的机会。尤其当这个机会是收费几十万元的大单时,此刻的你心情会如何呢?你用尽全身解数,想让候选人知道这个机会究竟有多么适合她,可是无论你说什么,对方就是油盐不进的状态,甚至最终可能不欢而散。把一场沟通硬生生地变成了一场辩论赛,虽然你赢了道理,但是却输了结果。

而你可能会看到另一种猎头,最让人不解的是她说的和你说的差不多,好像也没有更多的金玉良言,甚至她说的都没有你说的多,但为什么那个猎头居然说动了候选人,候选人不但接了Offer,还特别感谢那个猎头?

我就是那种从第一种状态变成了第二种状态的猎头。我刚开始工作的时候每天绞尽脑汁地想说服候选人看我推荐的机会,但无论我说得多么天花乱坠,对方往往不为所动。我发现我面对的那些做品牌营销的候选人们个个都是观点高手,无论我说什么,他们总能找到观点和我辩驳。那时候我正好在考国家二级心理咨询师,于是我突发奇想,我想我用心理咨询的技术跟他们沟通试试,不知道效果会是如何。没想到一尝试,我瞬间有了改变,我从一个特别会说的猎头变成了一个特别会倾听、共情、提问的猎头。而那个机会本,我原来怎么卖的后来还是怎么卖,其实就是我的姿态变了一下,但效果却截然不同。所以,真诚才是最大的套路。

在尝到了甜头之后,我便开始不断优化心理咨询技术在猎头工作中的应用,慢慢地,我发现我能说动越来越多的候选人开始看机会,甚至有很多在我联系之前已经被很多其他猎头沟通过的候选人,他们的态度也从之前的坚决不考虑到跟我聊完1小时后选择去面试,并且顺利拿到Offer。我领悟到了一件事,人完全有可能通过沟通,以润物细无声的方式改变他人的决定,无论最初对方多么坚定地拒绝。过去我之所以没有拿到结果的原因在于我还没有掌握沟通的底层原理。

那究竟什么才是沟通的底层原理呢,分享两条黄金法则:

第一条,信任关系的建立是良好沟通的基础。先关系,后内容。

在沟通中，我们常常会陷入一种"自说自话"的状态，就是你说你的，我说我的。我之前看到过一个特别资深的老猎头在说服候选人接一个机会的场景，那沟通场面真可谓是非常惨烈，候选人最终不仅没有接那个Offer，还把顾问骂了一顿，拉黑了她。大致的沟通内容就是，候选人要求30%的涨幅，而客户只肯给20%的涨幅，顾问苦口婆心地跟候选人讲道理，因为候选人已经不便宜了，差不多已经将近100万元，而且因为家庭原因一定要去北京，所以看机会的动机是非常确定的。基于这些信息，顾问就开始信心满满地讲道理，有几句特别经典的话，给大家分享一下。

顾问跟候选人说："你要知道市场平均涨幅也就20%，更何况你现在已经差不多接近百万了，价格越高，涨幅肯定越要控制的，毕竟基数大了，这也是市场公认的标准。"结果候选人立马回了她一句："Sorry，I'm not average（不好意思，我不是平均数），我觉得我比大部分人优秀。"

顾问后面又说了一句更经典的话，没想到候选人直接在电话那头开骂，骂完直接挂掉了电话，最终拒绝了Offer。顾问说："客户预算的确是有30%的，但是他们再三考虑下来，觉得只能给你20%，因为你的经验还有你的价格都在这里，如果我是你的话，现在就应该接下这个Offer，毕竟北京的机会没有那么多。"虽然这个顾问讲的可能的确是事实，但是在沟通中究竟是事实重要还是结果比较重要呢？当然我从没说过要扭曲事实，相反作为猎头一定要尊重事实，否则口碑会大受影响。虽然我们改变不了事实，但是我们可以改变表达和沟通的方式，让别人更加欣然地接受事实，而不是逼着对方把苦药喝下去。我们的身体是有本能的自我保护和防御功能的，如果你就是赤裸裸地让对方喝苦药，身体可能会拒绝和罢工的，最终适得其反。沟通也是这样的道理。

这位顾问是个经验老到的顾问，她说的话都是事实，但是为什么效果那么差呢？就是因为在信息的传递过程中，她还未建立起很好的信任关系，更糟糕的是，她在用一个又一个"血淋淋"的事实破坏彼此的关系。作为候选人为什么会被气炸？第一，候选人根本感觉不到顾问在为候选人做努力，感觉到的就是顾问在帮着客户打压她。第二，候选人因为之前相信顾问才说了真实的跳槽动机，但顾问却不断在候选人的伤口上撒盐。顾问后面的那段话有点落井下石的感觉，别说这个候选人手上还有另一个机会了（只是她本能觉得这个顾问的机会更加好一点，因为是家外企，她另一个机会是一家民企，她一路都是大外企的背景，所以还是特别想争取这个顾问手上的外企机会的），即便真的没机会，她原本的公司也并不是待不下去，只是先生要去北京，她也想尽快一起过去，其实她也可以过段时间再看的。所以猎头千万不要以为掌握了候选人强烈的跳槽动机就可以肆无忌惮地打压，这样做即使做成了买卖也没了交情和口碑。猎头想要长期深耕，口碑还是很重要的。因此，能拿到结果的沟通一定要注意沟通中信任关系的建立。尤其是在博弈中，双方观点不一致的时候，最容易破坏沟通关系。具体如何做，往下看，我会用案例来教大家如何做到润物细无声地改变对方的想法，影响对方的决定的。

　　第二条，区分信息和认知。改变认知才能改变决定，但大部分的沟通只是在传递信息。

　　其实我们大部分的沟通都是沟而不通的状态，因为大部分的沟通本质只是在"沟"，就是传递信息，但却没有"通"。"通"是指确认接收到并且反馈了才是通的状态。

　　但即便是"沟"，其实大部分人也没有"沟"到位，因为人是有选择性地记忆的。根据脑科学和认知科学的研究，人一秒能接收的信息范围是100~200比特，换成汉字就是12~25个文字。如果真的能达到这个速度，那么人一分钟可以阅读720~1500个字，但往往一个人一分钟平均只能阅读125个字，所以其实在信息传递的过程中是有大量的信息被自动过滤掉的。你总以为自己已经讲得很清楚了，而其实对方接收到的只是冰山一角。

　　那究竟怎样才是到位的"沟通"，如何才能有效改变对方的想法呢？先来看个图。

信息层面

认知层面

教练式猎头沟通技术的核心原理

图3-5　教练式猎头沟通技术的核心原理

　　沟通的内容也可以用冰山来比喻。冰山上的叫作信息，冰山下的叫作认知。认知究竟是什么？认知是指你对这个信息处理后的解读，这就是属于你独特的认知。信息是可以有普遍性的，但是对这个信息的认知却是独一无二的，"一千个人就有一千个哈姆雷特"。所以如果我们希望真正地干预对方的想法，一定要进入认知的层面，而不要在信息层面来回传递。信息层面的沟通不只会存在信息的大量流失，而且还极具不稳定性，我们经常发现候选人在做决定时会反反复复，犹豫不决，一会儿想接Offer，一会儿又被朋友提到的这个公司的某些问题吓到，如惊弓之鸟般想立刻反悔。而一旦人在认知层面沟通清楚了，稳定性就会相对高很多，因为在认知层面的思考是需要动用大量的脑力的，而大脑是很懒惰的，能不动就不愿意动，所以一般情况下认知层面想清楚了就不太容易变卦。

最后，还需要特别提醒一下，就是要**保持价值观的中立**。千万不要把你的认知强加在对方的身上，我们很多时候会不自觉地把我看到的世界当作是你看到的世界，就像让两个人站在硬币的两边，问他们看到的硬币是什么图案，一个人会说是一个字，另一个人会说是朵花，并且两人都会非常坚定地相信自己的眼睛，觉得对方是错的。他们说的的确都是事实，那究竟是谁错了，其实谁都没错，只是他们的角度不同而已。所以我们一定要保持一份对对方认知的敬畏之心，不要想当然地把你看到的世界强加给对方，这是沟通中的大忌。

分享完教练式沟通的两大黄金法则后，我将通过一个我亲自操盘的案例来进一步说明如何操作才能实现效果。这是一个350万元的大单,有一个候选人非常适合我的客户。起初,这个候选人无论如何都不考虑,但通过我的沟通技术,我说了一句关键的话,让对方的态度立即转了180度,经过8轮面试,成功拿下了Offer,并顺利入职上班。

案例的背景说明:

这是一位世界500强顶级消费品公司的市场副总裁,年薪350万元,无论是公司背景还是专业能力都是非常出挑的,而且还特别热爱品牌营销,过去几次把品牌从0到1成功上市。她常年生活在广州,丈夫和2个孩子也都在广州。但因为公司组织架构调整把她的岗位优化掉了,所以她才需要看机会,可以考虑广州和上海的机会。她从朋友那里打听到我是专注做这个领域的猎头,所以才愿意沟通。而经过我跟她深度的沟通后,我觉得她非常适合我手上的一个互联网大厂的机会,所以特别兴奋地推荐给她,但她一听完立马拒绝了,而且是坚定的拒绝,我尝试地想再说一句,她的态度立马发生了180度的转变,几乎就是要挂电话的节奏了。她说:"如果是这个机会的话真的就不用再说了,太多人找过我,并且我毫无兴趣,麻烦你再帮我看看其他的机会,谢谢。"

如果是你,碰到这情况你会做什么操作?她真的很合适,你会继续表达吗,还是看她那么坚决就放弃了?

我认为做任何一件事情决心是非常重要的,有了决心才有方法。这个候选人是真的特别适合我的那个客户,所以在那时候我是下定决心要说服她去看这个机会的。但是当时如果硬碰硬只能是"两败俱伤",所以我就开始启动我的教练式沟通技术,开始一步步地深挖干预。

碰到对方坚决拒绝的时候,分享个重要的原则,"先跟后带"。我看到她那么坚定,我就先跟进了,我说:"好的,没问题的。我帮你看看其他的机会,但我能知道一下你为什么没兴趣吗?"候选人说:"因为这个公司的地点在杭州,这个地点我不太能接受,我目前只想看广州和上海的机会。"这的确也是个原因,但你有没有好奇,无论是上海还是杭州对她而言都是异地,既然可以考虑上海为什么不能考虑杭州呢?这时候很多顾问可能会说:"上海和杭州只有1小时高铁,很近的。"你当然可以这么说,但一旦你这么说了,你就犯了两个沟通的错误。第一,你错失了进一步挖掘对方认知的机会。第二,你用你自以为正确的观点破坏了你们的关系。

那究竟该如何做呢?在你没有明确对方的认知之前,不要轻易地下判断和结论。通过提问的方式继续深度挖掘和收集信息,确认认知。正所谓"知彼知己,才能百战不殆"。我接下来就进一步提出了一个问题,我说:"你觉得上海和杭州对你选择机会来说区别在哪里?"结果候选人来了一句:"实话实说吧,Nora,其实也不是地点的问题,关键是这个公司口碑太差了,我有很多朋友去了这家公司,但都失败了,很多人都没过试用期就离开了,我觉得真的不太适合我。"这个答案有没有点出乎意料,很多时候我们都以为我们很清楚地知道答案了,但其实你了解的可能真的只是冰山一角,甚至只是对方的借口和"谎言"。

当听到这句话时，我又喜又悲。高兴的是我终于离真相更近了一步，但悲伤的是公司口碑差也是个挺致命的拒绝的理由。但是教练式沟通技术就是有一种可以让一切看似的绝境转化为仙境的魔力。当你听到对方说客户口碑差，你想怎么来应对呢？是不是本能地就想说，口碑这个事情仁者见仁，智者见智，这家公司口碑再差还有10000多人在里面工作呢。如果你有这个想法，请记住我前面说的原则，不要把你的认知强加在对方身上，先了解清楚对方的认知再干预。

于是，我又进一步地开始提问，我说："那你能具体说说你听到的这家公司口碑差在哪些方面吗？"这里教大家一个特别好用的招数，叫作"把形容词变成名词"，我们想要去做深度干预之前一定要把事实和认知区分开来，这样你才有改变对方认知的抓手，而形容词往往代表着认知。口碑差，"差"就是个典型的形容词，每个人对于"差"的理解都是不同的，有些人可能认为稳定性差是差，有些认为老板情绪不稳定是差，等等。这个候选人说："据说这家公司没有什么体系，野路子打法，稳定性很差，经常换老板，换组织架构的。"听到这里你有没有点绝望，因为她说的的确也是事实。到这里，认知也挖出来了，事实也的确如此，那接下来要如何是好呢？

上述的所有内容都是沟通的第一步，叫作"收集信息"的阶段，就像我们开药方前必须要对症下药，第一步一定是先要确认清楚对方是什么病。再摸清来龙去脉后，我们接下来要开始开药方了，也就是要开始进行到第二步，"认知干预"的阶段。

分享我的具体做法之前再来支个招：解决问题最高的境界就是拉高一个维度，让这个问题不再是问题。我们特别喜欢在同一个平面解决问题，但往往发现是无解的，就比如候选人说要30%，你说客户只能给20%。对于候选人来说一定是想争取更多，对于客户而言，一定是想节约成本的。所以碰到这种情况，讲道理解释安抚都没有用，需要找到一个新的破局点。这个破局的方法就叫：从点到面。候选人选择一个机会是因为一个点还是会从一个面综合考虑呢？相信99.9%都是综合考虑来决定的。当你想明白了这个道理，你就知道如何应对前面候选人说这家公司口碑差所以不考虑的问题了。我当时表达了理解之后就没有再进一步纠结口碑的问题，甚至也没有再与她讨论这个机会本身了，而是提出了一个新的问题，我说："那这个机会我们先放一下吧，我可以帮你再物色其他机会，那你告诉我一下，你选择机会最看重的3个点是什么？"当我这样说完后，我明显感觉到候选人放松了很多，因为她觉得我终于不再跟她纠缠那个她毫无兴趣的机会了。候选人很认真地回答道："我最看重的第一是否有发挥空间，第二就是老板，第三是团队。"当我听完这个回答，我特别开心，她的确是个成就导向类型的候选人，也是个典型的开荒者，她的需求跟我之前对她的判断几乎一致，而这个机会在这三个方面几乎都能很好地符合她的需求，这个职位找人的难点就是要找一个适合开荒的，因为这是个刚被大厂收购的事业部，所以百废待兴，等待开荒者来重建美好。但既有大厂背景和扎实的专业能力，到这个级别还愿意开荒的人真的是百里挑一，所以这个机会非她莫属,其实这个机会真的是为她量身定制的,完全符合她的需求。

原本我想就此开始进行第二轮的介绍,因为她看重的这三个需求,我的这个机会每个点都可以一一对应上。但鉴于候选人之前对这个机会的再三排斥,所以我还是决定再加强一下信任关系,接下去我说了一句特别关键的话,因为这句话候候选人的态度立马发生了180度的转变。

我说:"听完你的需求我还是想跟你再分享一下前面推荐的那个机会,你说你身边很多朋友去到那家公司都失败了,我这里的数据其实和你的差不多,我们有很多快消大厂过去的,大部分人都觉得非常的不适应,但是我也聊过一些在这家公司做了10多年的人以及那些从快消过去现在已经兑现股票的候选人,他们身上有些共性的特点,你想听听是什么吗?"我说完候选人立刻表现出了很大的兴趣,她说:"我倒挺想听听,那些留下来的人的特点的。"我说:"总结来说,他们身上一共有4个特质:第一,都很谦虚且乐于分享,乐于助人为乐。"候选人主动地来了一句:"嗯,我也是一个挺乐意分享的人。""第二,他们都是特别有企业家精神,有主人翁精神的人。"候选人又说:"哦?真的是这样吗?""第三,他们都是特别务实肯干的人,你会发现活得好的人都是特别真诚类型的。"候选人又说了一句:"你说的这些特质感觉跟我很像啊。""第四,他们都特别成就导向,你能从他们的分享中听到他们发自内心的热爱,而并非一份为了生计的工作。"候选人听到这里已经按捺不住那颗激动的心了，她说："如果你说的都是真的，这个机会我倒是愿意去看看，我觉得你说的那些活下来的人的特质跟我很像。"

为什么我的一句话就能让候选人原本坚如磐石的决定发生180度的大反转呢？其实是因为这句话中我做到了教练式沟通中的三个要点。

首先，我做到了共情，让对方感受到我的理解和接纳，这就帮助我更好地建立了沟通的信任关系。我的一句"你说你身边很多朋友去到那家公司都失败了，我这里的数据其实和你的差不多，我们有很多快消大厂过去的，大部分人都觉得非常的不适应。"每个人都是需要被理解和接纳的，这是人底层的需求，当你认同对方，接纳对方的时候，对方才更愿意放下防御，敞开心扉。唯有如此接下去沟通的内容才有可能真正传递到对方耳朵里。所以，共情是沟通过程中非常重要的底层能力，但是共情绝对不是一味地应和与敷衍，而是发自内心的理解和真诚地认同对方的语言。

其次，我在表达观点之前埋下了钩子，我说"我也聊过一些在这家公司做了10多年的人以及那些从快消过去已经兑现股票的候选人，他们身上有些共性的特点，你想听听是什么吗"，这个问题满足了人的猎奇心理，哪怕她不考虑机会，她也会有兴趣想知道一下是什么样的人能留下来，甚至她可能还会怀疑真的会有人干得好吗？一个好的沟通一定要能不断引起对方的兴趣和好奇，唯有如此你才有机会赢得对方的注意力，我前面分享过了脑科学的研究，人的注意力是有限的，为什么很多时候，你会觉得同样一句话你已经讲过很多次了，但对方就像没听到过一样，这大概率就是你在说的时候没有引起对方足够的重视和兴趣，所以被对方自动过滤掉了。

最后，我给足了尊重感。虽然我知道对方对这些特质肯定有兴趣，但是我并没有自说自话地开始说，而是先征求了对方的同意和**允许**。就这一句"你想听听吗？"起到了两个非常重要的作用，第一就是让对方接收到了足够的尊重，而当人被尊重的时候她就会更开放，对你更加敞开心扉，带宽就更足了，意味着她可以接收到更多的信息。第二就是我唤醒了她的大脑，为后面的大块内容做好了铺垫。其实大脑是需要时刻被唤醒的，就像有些人在开长途汽车的时候，开久了就会按一下喇叭，这下喇叭并不是给其他车主听的，而是在提醒他自己别睡着了，给自己一个惊醒。所以当大脑被叫醒了之后，它就会跟着你后面的内容进行运转，那效果自然就来了。

当然最后我揭秘的那四个特质的表现方式也是非常重要的，共性可能可以有很多点很多面，但我提炼的那四点其实都是候选人身上拥有的特质，所以对方会感受到特别认同，而且觉得说的就是她，这就是表达的艺术，当然再三说明一下，不要无中生有，可以有选择性地提炼和组织。

通过这个案例最后来总结一下，想要实现润物细无声地改变对方的想法有几个非常重要的原则，可以称为沟通中的"道"。

第一，真诚是最大的套路，在沟通中，真诚是让对方敞开心扉的核心法宝，没有了这点，后面所有技术将变成浮云，所以沟通不是无中生有，更不是坑蒙拐骗。

第二，沟通中始终要保持好良好的信任关系，尤其是在观点不一致的时候，如何保持良好信任关系，靠共情和良好的提问。

第三，区分信息和认知，真正能让一个人改变决定的一定是认知，所以在干预认知之前要先尽可能地搜集信息，通过提问的方式来搜集和改变认知。

第四，保持价值观的中立，一千个人就有一千个哈姆雷特，切忌把你的认知和价值观放在对方身上，一旦出现这份无形的"强迫"，你们的谈话其实就已经中断了。对方会关闭接受的通道，这时你说得再对也毫无意义。

8. 百发百中Offer谈判案例拆解

> ① 拥有"无我利他"和"空杯"的心态，把自己定位成候选人的支持者，而非博弈对立者。
>
> ② 谈钱之前一定记得要先做风险把控，把那些非钱的因素讨论清楚，把刺拔干净再来聊钱的问题。
>
> ③ 谈钱的时候一定要先抑后扬，而且一定要拿到承诺，不承诺不谈判，给候选人一些思考的时间，你认真对方才可能认真。

Offer谈判是有节奏的，Offer谈判也可以做到步步为营，只要你心态和方法到位，你可以更多地靠自己的实力来赚钱。

对于每个猎头来说，Offer谈判一定是印象非常深刻的一种体验，我们的情绪很容易像过山车一般起起伏伏。尤其如果是一个大单，谈成了意味着一单吃半年，谈败了可能半年要喝西北风了。

你有没有发现候选人特别有意思，每次安排面试的时候，个个都非常爽快，也很配合。但是一到了谈Offer的阶段，经常很难联系，尤其是问他，你考虑得怎么样，接不接这个Offer的时候，要不就是电话打不通，要不就是不回消息，反正就像人间蒸发了一样；或者还有一种情况，经过一场艰难的谈判，候选人终于把Offer签回去了，可是临近上班的时候，"砰"收到一条消息，候选人告诉你说："对不起，我实在没有办法去接那个Offer，因为***的原因"，每次一听到这种消息真的是天雷滚滚了，对吧？瞬间觉得眼前一抹黑。

之前，有一个行业的资深猎头告诉我，他一年业绩做了150万元，但是最后居然被各种莫名的原因飞走了80万元，只进账了70万元。Offer谈判难道真的只有烧香拜佛，靠天赏饭吃吗？

我从业十多年，总结来看，真正专业的猎头顾问至少80%靠实力，20%靠运气，但对于还没摸透门道的顾问来说，那比例可能是相反的。

以我自己的个人数据来看，谈过的Offer至少200多个，层级从经理到总监以上都有，但是最后被黄了的也就5~6个，而且几乎都是真的客观原因，比如入职体检发现怀孕了，或者准备上班前一天家中突然有急事了，或者是准备上班，家里阿姨辞职了，但先生又在国外，所以不得不先安顿家里情况……

其实谈Offer真的还是有"门道"的。

虽然每个人的个人因素和外在很多环境因素都不可控，但任何事情都还是有属于自己的"道"，正如大自然有"天道""地道"，商业有"商道"，和人相处也有"人道"。

大家一定听过"农耕法则",就是春耕秋收,所以天道酬勤;商道酬信;而人道酬诚。

这里的"诚",在Offer的谈判中我把它解读为:真诚地为对方着想。或许会有人提问:要是候选人选择留下,或者另外一个机会对她的确是更好的选择的话,那我们就应该让她放弃我们的机会吗?我的回答:是。

但前提是留下来或者别人的机会的确对候选人是更好的选择,而如何能够帮助候选人确定究竟哪条路径是她当下的最优解,这本身就是个技术活。但我们是可以通过良好的咨询技术帮助候选人拨开层层迷雾,让她自己找到答案和力量的。

但技术永远只是工具,不是核心,谈Offer的首要核心,是我们要把控好自己的心态,沟通技术次之;如何谈钱是次次之。我发现现在好像不少猎头对于如何"谈钱"研究的是非常深刻,当然有些人确实是做得很不错的。我认为即便是谈钱,我们还是要实事求是地谈,谈钱的本质并非钱本身,而是对预期的管理。

同时,这里也想跟大家分享一个我的观察,虽然钱很重要,但是钱是否真的是一个人接不接这个Offer的决定因素吗?很多时候其实未必。我谈的Offer中有好几个在那时候并不是候选人机会池中薪资给得最好的,但最终他们还是选择了我这里的机会,并且上班的满意度很高。

所以,若想要让自己的Offer命中率高,我觉得首先要提升自己为人处世的道行。私欲太重,往往天理就少,天理少了往往容易事与愿违，让自己慢慢修炼到"无我利他"的境界的时候，你会发现你的成功率可能会提升不少。

其次，当然就是要有非常好的沟通能力了。很多猎头特别喜欢表达和分享，当然说的也的确很好，口才极佳，但你有没有发现，太会说了其实很多时候产生的效果并没有你想象中的那么好。我自己谈的第一个Offer，就是太会说，反而最后得到的反馈就是：你说得都对，但我还是决定去另一家公司了。就像我们常常说的"道理都懂，但依然过不好这一生。"是一模一样的。

沟通好绝对不只是说得好，说得好叫作表达能力强，但沟通的本质是互动，这是种流动的状态，是你来我往的、有倾听、有提问、有共情的互动。当我们听懂了才可能知道问题在哪里，否则表达得再生动，结果就是"你是你，我是我"。

这里，我真诚地与大家分享一下我自己操作的两个案例，来讲一下Offer谈判的核心的"道"与"术"。先来分享一个奠定我后面Offer谈判百发百中的核心心法的失败案例，正所谓失败是成功之母，这是我人生的第一个Offer谈判。

这个案例当时的操作难度也是地狱级，客户要求非常高，不仅要求候选人背景好，而且不能跳槽频繁，至少在每家公司工作3年以上，而且对于候选人的战略思考能力的要求也非常高，而当时这个职位不过是一个助理经理，关键是客户口碑也不怎么好，我来来回回找了将近300多个人，不是候选人不考虑就是客户看不上，终于有一位候选人很顺利地进入Offer阶段，我有种"众里寻他千百度,蓦然回首,那人却在灯火阑珊处"的兴奋。但是就在那个时候,候选人告诉我:"Nora,我手头上还有一个Offer,我得比较一下,我得想一想。"我一听瞬间感到大事不妙,于是我机灵地邀请她第二天跟我见一面,想当面好好地影响一下她。与她见面的前一晚,我人生第一次失眠了。我整晚一遍一遍地预演着与她的对话,我不断变换着角色,思考如果我是她可能会以什么理由拒绝我客户的Offer,我就这样子一遍又一遍地练,直到我把自己完全说服了。我特别开心地完成了自己的逻辑自洽时,转眼一看,天都亮了。

"博弈"的那天在漫长的一夜之后终于到来了,我与候选人见面,寒暄了几下我们就直接进入了正题,果不其然候选人想拒绝我客户的Offer,她开始提出了她的顾虑,我一听就乐了,这个顾虑我昨晚想到过,正中下怀,第一个顾虑打消了。于是候选人又说出了第二个顾虑,就这样一个又一个,就像考试猜中题目一样,候选人所有的顾虑都被我猜中了,而昨晚我用了一晚上精心准备的答案,今天全部都完美地用上了。说到最后,我把候选人都说到哑口无言了

但是最后的结果是什么呢?候选人很抱歉地跟我说你:"Nora,你说得都有道理,但是我觉得我还是决定去那个机会了,真的是很不好意思。我也知道你付出了很多的时间和努力,有其他合适的人选我会帮你推荐的,但是我还是决定了,真的很谢谢你。"那个场景真的是让我印象太深刻了,就是五雷轰顶的感觉。我做了那么多的努力都白费了。当然,最后我还是很礼貌地回应了她。我说:"我会

尊重你的想法，我也理解，那我们就保持联系。"可内心却是泪如雨下。

现在我们来复盘一下这个案例，我的失误主要体现在两个方面。

第一，心态。当时真的是非常急功近利，我真的太希望他去了，实在不想再找了，当我拥有这种心态的时候，对方是可以感受到你只是想拼命地说服她的，而不是真正地想帮她找到当下的最优解，所以当我以这种姿态出现的时候，对方的态度都是防御，我也无法真正走入她的心底，了解清楚她究竟在思考什么。而且你会发现你推得越紧，对方就越会坚定地做出相反的决定。

第二，不懂倾听。我当时特别高兴，认为她的顾虑都在我的预演之中，我自信地认为我的回答可以让对方无从挑剔。然而，真正能改变对方想法的关键第一步是倾听并听懂对方的顾虑究竟是什么，理解对方深层次的想法和认知。通过认真地提问和倾听才有可能做到真正的知己知彼，而非自嗨式地表达自己的观点。

所以这次失败的谈判之后，我每次谈Offer前依然还是会做很多的预演，做好充分的准备，但是每次谈判的前5分钟我一定会告诉自己，"此刻让自己放空，什么都不要预设，先认真听懂对方的顾虑和想法，再想办法干预"，同时我也会告诉自己，"我是候选人的职业发展顾问，我的工作是要帮助对方找出当下的最优解"。当你有这种利他心态的时候你会拥有很强的力量感，你的姿态从和他博弈敌对的状态变成了并肩作战的战友状态。就这一个意念的变化就会导致整场谈判的气势都是完全不同的，因为你是在助人，而不是为了满足你的个人业绩。不信你可以试试。

再分享一个我操作过的成功案例，我会详细地拆解究竟如何才能做到步步为营，不破坏关系拿到结果。具体分享之前我需要给大家植入两个新的概念，这两个概念可能会超出你原本的认知，但如果你希望能做到Offer谈判步步为营，胸有成竹，百发百中，这两点请一定要牢牢记住。

第一，谈Offer并不等于谈钱。很多人一听到要谈Offer，就问候选人薪资预期是如何的。一个完整的Offer在我看来是由两部分组成的，一部分叫作钱的因素，另一部分叫作非钱的因素，非钱的部分包含了候选人的内在需求和与这个机会的匹配程度。但我们为什么一谈Offer就想到谈钱呢？因为钱是有标准的，是可以衡量的，而那些非钱的因素看不见摸不着，所以很容易被忽略，但这并不表示那些非钱的因素不存在。恰恰相反，那些非钱的因素不单存在，而且影响还特别大。那你可能要问了，不谈钱那谈什么呢？怎么谈呢？在谈钱之前先做好"风险把控"，具体如何做，我会在下面案例里详细拆解。

第二，钱放在最后谈。谈判是需要筹码的，但猎头作为一个中间人，我们几乎没有什么筹码。记住，钱是你手上的底牌，所以底牌绝对不要轻易亮相，一旦亮相就要响亮，要让对方无法拒绝。我看到很多猎头把Offer谈判变成了买菜，两边讨价还价，但最后不但没成还被两端嫌弃，想想真的特别委屈。其实之所以把自己搞得那么尴尬，就是因为你没控制好节奏。我那么多年的Offer谈判基本上都是一次过的，除非一些非常特别的变化，否则说好多少就是多少，没有来来回回扯皮的现象。

案例背景介绍：

√ 候选人年薪220万元，"10年大健康+10年消费品"，世界500强顶级公司市场总监；

√ 客户特别有兴趣，但候选人很顾虑行业，不想做消费品行业；

√ 狮子大开口要300万元，最终230万元顺利成交。

这个候选人当时因为公司被收购，拿了一笔巨额的赔偿金，因为她在那家大健康公司工作了十多年，的确也是战绩赫赫，成功把一个新品牌做成了人尽皆知的品牌，销售额常年领先，她的个人能力的确非常杰出，想聘请她的人非常多，但她也比较挑剔，没有特别好的她也不是特别着急。

我们的客户是一家顶级的消费品公司，这家公司对人的要求也是很严苛的，非常看重背景和能力，对她一见钟情，一路直接面到总经理，面试完总经理就决定给她Offer了。所以这个案例的难点就是客户情真意切，但候选人半推半就并不是很待见这个机会，主要原因是觉得好不容易积累了那么多年的大健康行业的经验，如果去消费品行业就有点浪费了。还因为在她看来，大健康行业肯定比消费品行业好很多倍。

为了让大家更好地理解这个谈判过程，我将从两个方向来拆解。第一部分，我帮大家拆解一下我是如何通过教练式沟通技术让候选人从不感兴趣到对机会感到兴奋的，如何用5步完成谈钱之前的"风险把控"的；第二部分，具体分享一下我是如何管理候选人的薪资预期。

风险把控的第一步：了解认知。

很多猎头顾问在面临这种情况的时候往往会忍住不劝说候选人，告诉他消费品行业怎么好，这个机会可以给他多少的价值，等等，但我所有谈判的逻辑永远都是，不做到知彼知己，我绝对不轻易出牌。所以我并没有直接劝说她，而是想先对她的认知有个全盘的了解，我让候选人对这个机会做个整体的评价，觉得吸引她的和她有顾虑的地方都说一下。

候选人说："这个机会好的地方就是老板不错，挺有人格魅力的，也很专业。公司地点离我家很近，每天走路10分钟就到了，这的确也是个加分项。"但是顾虑也非常明显，她说："第一个就是行业，我觉得我接下去还是更想在大健康行业发展，觉得做消费品太累了。第二个致命的问题就是团队。"据她了解，这个职位团队的中层几乎是断层的，只有2~3个管培生，她是非常看重团队的战斗力的，觉得这样的配置会非常吃力。

风险把控的第二步：干预。

当我听完她对这个机会的评价后，我并没有针对性地直接给出任何我的观点，因为一个人是不会轻易被别人说服的，但人会心甘情愿地被自己说服。所以我开始通过提问的方式试图转变她对行业的坚持和对团队的顾虑。我之前也说过，解决问题的最好方式就是拉高一个维度，不要陷在问题的这个平面。你说究竟是消费品好还是大健康好，讨论这个问题压根没有任何意义，你说究竟是有现成团队好还是从0到1搭建团队好，这个也的确是各有利弊。所以我用了"点到面"的干预方法，我问她："你选择机会最看重的3点是什么？"候选人说："行业、老板和团队。"

她最看重的三个因素里，我们这个机会的优势只占了1个，就是老板。但行业和团队对她来说都是致命伤。这里给大家一个信念，在战场上不到最后一刻永远不要放弃，最怕的是其实生机勃勃，但你却先放弃了。那究竟如何进一步扭转看起来的颓势呢？思考一个问题，虽然我提出了三个因素，但是你觉得这三个因素在她选择的机会里的比重是一样的吗？是不是可能是不同的呢？

答案是：不知道。既然不知道那就要问，问了自然就知道了。在谈判和沟通中千万不要轻易地预设，预设只是你认为的，未必是候选人认为的。

于是我又开始了进一步的干预，实施了我的第三招：测试筹码的重量。

我让候选人对她提出的三个要素进行排序，通过排序的方式我就可以知道她最看重的是什么了。候选人说，一定要排序的话，她觉得最重要的是老板，她之所以能在上一家公司做10多年，包括能做出那么多业绩，其实是跟老板息息相关的，所以这是她认为最重要的。其次是团队，她是个非常擅长团队管理的老板，她带的团队都对她评价很高，她也很懂得如何通过团队的管理来拿到结果；最后才是行业。听到她这样的回答，有没有发现一丝生机，虽然三个要素中我们的机会只占了一个，但是这个要素看起来比重是很高的。博弈的战场瞬息万变，一定要懂得牢牢把握住每一次机会，有时候通过一个点就有可能反败为胜。当我听到她最看重老板，而我们这个机会中老板恰恰是个非常契合的加分项。

我开始实施了第四步，叫作"加码"。我顺势开始了共情和认同，我说："你的判断真的太智慧了，其实一个好老板对一个人的职业发展影响是巨大的，我分享一个数据给你哦，我看到候选人之所以会真正选择离职，80%以上都是因为老板的原因，同样大部分的候选人选择一个机会也大概率都是因为找到了同频共振的老板，茫茫人海中能遇到同频的人是非常不容易的。而且作为职场人，你的升职加薪本质上其实也都是和老板有关系的。此外，我们工作中，大部分的时间可能都在和老板打交道，所以你的职场幸福度也完全和老板息息相关，一个好老板可以让你的职场顺利幸福很多倍。"说完这段话，候选人完全被我激发起来了，连声应和地说道："Nora，你说得太对了。真的，老板其实是最重要的。"听到这句话我特别高兴，当然我说的也的确是事实。再次强调，猎头绝对不要无中生有，但是可以在关键的地方突出强调或者增加一些艺术性的表达，但必须是事实。

这一步做完我感觉候选人的思路已经被我带上了正轨，但问题是她对行业和团队的顾虑依然没有消除，于是我开始了第五步计划"拔刺"。我们在做风险把控的时候，一定要竭尽全力地打消候选人对机会的顾虑，这个部分做得越彻底后面就会越顺利，否则你会时不时地被刺痛。那究竟如何"拔"呢？最好的拔刺方式就是让候选人自己想办法说服自己打消顾虑，人性的弱点之一就是迷之自信，人很喜欢逻辑自洽，只要她自洽了，你的问题就解决了。所以我又提出了一个问题，我问候选人："听起来，我们这个机会的老板的确跟你是非常有化学反应的，但是你提到的关于团队的顾虑，你觉得要如何才能消除呢？或者你觉得我可以做些什么来帮助你？"听到这个问题，候选人应该是觉得很满意的，因为她觉得我是在为她考虑的，并且我还积极主动地表明我愿意为她干活，她想了一会儿，说："那这样吧，我觉得上次和总经理聊的时候，主要都是她在问我问题，其实我也没有太多时间了解他的想法和规划，要么你看看能否帮忙安排让我和总经理再沟通一次，我也想进一步了解一下他的想法，看看我能否做得到。"我一听，可太开心了，让总经理和她再聊一次不是又给了一次说服她去的机会吗？但记住在谈判的时候千万别高兴得太早，情绪一定要稳住，我一想，团队这个问题可以有个解决方案，但行业的顾虑还没说清楚呢，拔刺一定要拔干净，否则会发炎的，于是我又说道："我帮你跟客户反馈一下，看看是否能争取再和总经理聊一次，那么关于行业的这个问题你觉得我能做些什么呢？"这个难题交给她之后，估计她也觉得很难回答，于是她说："行业这个么，其实也不是最大的问题。人对了，其他很多东西或许也没那么重要了，先跟总经理聊聊吧。我觉得相比行业，可能团队的问题更重要一点。"

有时候不要自己一个人绞尽脑汁地想怎么解决难题，要让候选人有参与感，或许有些难题会不攻自破。听到这里我乐开了花，于是趁热打铁，我马上联系上了客户，第二天就又安排了一次和总经理的沟通。

第二天的沟通如期顺利地完成了，候选人一出来就给了我消息，她跟我说："今天的沟通还是很愉快的，我觉得总经理思路是非常清晰的，这个牌子还是蛮有希望的。但是Nora，实话实说哦，我今天跟总经理再次确认了一下，虽然他说团队有10个人的配置，但是目前只有2~3个人是在职的，这就意味着我进去后工作量会很大，这个还是超级辛苦的。而且对我而言，我的确很纠结是不是要放弃大健康行业，去到消费品行业。消费品的工作强度和性价比肯定是不高的。"你有没有点好奇，不是一切都很好吗，怎么又开始纠结那两个顾虑了呢，遇到不了解的情况，不要轻易说话，最好的方式就是提问，于是我又问她："那你觉得现在我可以做些什么来支持你呢？"候选人立刻指明了道路，说了句很经典的话语："重金之下必有勇夫"。你有听明白她的意思了吗？

听到这里，是时候开始谈钱了。

我立刻询问了她的想法，但没想到候选人狮子大开口："这个数字么，肯定是越高越好，比如280万元、300万元，钱肯定是不嫌多的呀。"大家要知道这位候选人的薪资已经是220万元了，这个级别要大幅度的涨幅是不可能的，因为基数比较大了。这是赤裸裸需要博弈的部分了。但是这部分的博弈处理好了，可能就让你一帆风顺，处理得不好可能就此别过了。

在谈钱的时候有三个Tips。第一步，关系维护。无论何时何地，永远记住教练式沟通的精髓，关系第一，内容第二。先关系，后内容。所以我是这样跟她说的，我说："我非常理解你的想法，而且我跟你是统一战线的，你好我也好，所以能争取的我一定会全力帮你争取的，你完全放心。"第二步，降低锚点，也叫作预期的管理，其实候选人跟你说要280万元或是300万元，她也是在试探你的底线，在谈判中一定要懂得先抑后扬，哪怕可以做到也不要轻易承诺，更何况的确也给不到。所以我又说了接下来的话："我先跟你透个底，你的薪资在市场上肯定是不算便宜的，目前能开到这个价格的机会也并不多。另外，这个职位最早HR给我的预算范围大概在200万元左右。但是我在你的推荐报告上也清楚地写明你目前的薪资是220万元，HR并没有因为薪资太贵而拒绝看，所以我个人觉得应该还是有些空间可谈的，所以我肯定会帮你全力去争取的。"候选人听我说完这番话，也表示了认同，她其实也知道市场行情，她说："我也知道我的确不算便宜，但是200万元的话我肯定是不会去，我也有其他机会，而且我其实也没那么着急一定要出去工作，我也想好好休息一段时间的。降薪就没意思了。"听完这段话你什么感受，就是200万元是肯定不考虑的，但是我把她的期望已经从她狮子大开口的280万元、300万元拉回到了现实的200万元。

如果你希望能实现百发百中，除了前两步之外，接下去的第三步是至关重要的。这步做好了基本也就胜券在握了。第三步叫作"拿承诺"。在候选人薪资谈判的过程中，送给你一个口令：不承诺，不谈判。如果你不想像买菜那样来来回回地讨价还价，这步一定要做扎实，并且不要心急，谈判到最后都是心态的博弈，一定要控制住。于是我继续问候选人："我知道你的想法，我也会去争取，但争取也要有个尺度，我才能有的放矢，你告诉我这个机会给到多少钱你一定接？无论什么情况你都会去的。"她说："你的这个问题我倒是要好好思考一下，我还没想过呢，这个预算也是有点低。"于是我说："理解的。那这样，要不你认真考虑一下告诉我，我帮你想办法去争取试试。你明天可以给我一个明确的数字吗？"这里一定要给时间，不要太急着推进，但是一定要给期限，并且不能太久，一个晚上足够了。

第二天，候选人主动联系了我，跟我说："我想清楚了，给我230万元，这个Offer我就接，毕竟他们老板我觉得还是可以的，这个品牌我也觉得是有希望的。"听到这里有没有有点高兴。但还是那句话，谈判的时候不要高兴得太早，拿到数字后最后一步不要漏掉，叫作Double Check（再三确认）。于是我重复了一遍她的话："跟你确认一下，这个Offer只要给到年薪230万元（total package全部加在一起），你就肯定去是吗？绝对不反悔，其他机会也不看了，一定接对不对？"这句话其实是有一定压力的，但是这时候压力一定要给足，增加候选人反悔的成本，当我听到候选人说了那句yes之后，我就去争取了。最后我帮她争取到了260万元，候选人听到后当场表示要请我吃饭。就这样皆大欢喜地搞定了。我们很多时候管理候选人的预期并非真的想压她的薪资，而是给自己留出一些空间，让候选人有更好的体验和期待。

最后再梳理一下。Offer谈判是有节奏的，Offer谈判是可以做到步步为营的，只要你的心态和方法到位，你可以更多地靠自己的实力来赚钱。

首先，拥有"无我利他"和"空杯"的心态，把自己定位成候选人的支持者，而非博弈对立者。其次，谈钱之前一定记得要先做风险把控，把那些非钱的因素讨论清楚，把刺拔干净再来聊钱的问题。最后，谈钱的时候一定要先抑后扬，而且一定要拿到承诺，不承诺不谈判，给候选人一些思考的时间，你认真，对方才可能认真。

当你能够做到以上的几点后，你就会发现Offer谈判时你是胸有成竹的。希望你也能尽早成为谈判高手，让煮熟的鸭子不再飞走。

四
猎头未来的生存之道

1. 猎头行业新模式的思考和实践

> ① 当今时代，我们到底如何能够更精准地去获客，提高我们的获客效率？
> ② 我们到底如何能够去降低交付成本？
> ③ 我们猎头行业的第二曲线在哪里？

很多猎头同行，无论是老板还是我们的顾问，都表示现在的生意越来越艰难。据说今年有超过40%的猎头公司都倒闭了，是这样吗？是的。但是我想讲的是，尽管现在整个大环境确实很有挑战性，但就我个人而言，我在猎头行业从业12年，毕业后就加入了这个行业，因此在这个领域，我获得了许多宝贵的经验和成就。

这个收获不只是说赚没赚到钱，赚到钱只是一个指标。其实在我自己的职业生涯当中，猎头这个工作对我来讲是非常有成就感的，比如我在跟候选人交流的时候，每次听到候选人说去了哪个公司后发展得特别好，我就会特别开心，有一种成人之美的感觉，我觉得这有一种很强烈的意义感。或者当候选人特别迷茫时，他们也会想到来找我咨询，看到他们从刚开始时的双眼迷茫，不知道接下来该怎么办，到聊完后眼里重新绽放了光芒，我感到真的很有成就感。甚至很多候选人跟我说："Nora，我觉得你就像黑暗里的一盏明灯，照亮了我前行的方向。"我觉得这已经不仅仅是一份工作了，它是一份可以助人发展的事业。

还有在客户端，当我发现我推荐的候选人可以为客户创造更多的价值的时候，我也为他们感到高兴。我记得当时有一家公司要从0到1建立一个新的事业部，他们公司所有品牌的人才几乎都是我交付的，看着这个事业部从几乎没有销量到成为公司最大最赚钱的事业部，我有种跟着这个事业部一起发展的自豪感。

因此，虽然现在大环境面临着一些挑战，但我从未想过转行或者放弃，相反，我会投入更多时间在一线，做更多的创新和尝试，努力寻找突围的机会。在我看来，危机之所以叫作危机，就是危险和机会并存。这么多年来我已经认定了这份工作对别人和对我的意义，所以只要有一丝机会我都不愿意放弃。

我从 2017 年开始进入创业的轨道，首年就实现了千万元的营收，我们的业务做得还是非常不错的，因为我们做得很专注，很聚焦，我就是专注于整个品牌营销领域的，但从 2019 年开始，我看到了一些市场行情的变化。比如，我们服务过的所有的 500 强的顶级外资大厂某一年都出现了至少一次的组织架构的变化，有些比较夸张的，甚至全年都在进行组织架构调整；在候选人端，也出现了很多与往年不同的情况，我们那些非常优秀的，以前一天就可以接到几十个猎头电话的候选人，在那段时间出现了找工作越来越困难的情况，年薪百万元以上的候选人找工作时间至少要1年以上，这还是特别幸运的。还有很多人从那时候开始就被动失业了，直至今天。

虽然我们的业务还是一如既往的好，但作为一名深爱这个行业的猎头，我却感到一种爱莫能助的强烈情绪。虽然我每年能完成我的指标，但是看到大批来找我的人我却无能为力的时候，我感到自己失去了一些意义，那种感觉实在是如坐针毡。所以我当时就一直在思考，作为猎头如何才能更好地去为我们的双方提供更多的价值，如何能更好地帮助他们。

这也是为什么2020年，我作出了二次创业的决定，即使这意味着要放弃所有已拥有的一切重新开始。

现在回头看当初的决定，我觉得那真的是非常正确的。当时做出这个决定是需要极大的魄力和勇气。实际上，当一个人被逼无奈的时候，做出变革那是生存的机会；但是当你有选择的余地时，仍然选择做出变革会感觉像在自砍手脚一样，没有足够的信念支撑会很难坚持下去。其实，在这条创新探索的路上，我也经历过无数次的至暗时刻，产生过很多次对自我能力的怀疑，甚至在接下来的三年中第一次让我出现了拮据的状态。

在最穷的时候，我问了自己一个问题，我后悔当初的选择吗？我内心的声音依然特别坚定，我觉得这就是我想要的人生和事业的状态，我很幸运我已经找到了属于我自己的人生的意义和使命，我相信猎头是可以做出巨大的价值的。这是一份可以彼此成就，成人达己的事业。

通过大量的实践，我觉得猎头行业是真的需要有更多的变革和创新，才能跟得上这个时代的节奏，也才能让我们找到更多的价值。作为一个创业5年的猎头老板，我将分享一些我自己的体会和想法。

我将从三个方面为大家分享我自己真实的思考，包括我拿到过的结果以及踩过的坑。

第一，当今时代，我们到底如何能够更精准地去获客，提高我们的获客效率？

第二，我们到底如何降低交付成本？

第三，我们猎头行业的第二曲线在哪里？

首先，关于如何提高获客效率的思考。

最近我和一位规模比较大的猎头公司老板沟通，他们是一家非常成熟的猎头公司，他们的体量差不多已经达到上亿元的级别了。他说他觉得今年就是特别难，他们基本上天天蹲在客户门口，都拿不到几个职位。这位老板已经做了20多年的猎头了，绝对是行业的资深前辈，而且非常的专业，他曾经也是大外资公司出来的，无论是他还是他们的团队，专业度都是非常好的，可是即使在这样的一个背景下，他都会觉得今年获客非常有挑战。他说他也算是经历过一些周期的人，但是他觉得今年的目标可能只能是生存。

客户现在对猎头的要求已经到了顶级专家级的要求了，普通选手进场要开发一点客户难如登天，比如今年我们也有一个客户，这个客户是一家非常著名的大外资的500强公司，口碑非常好。不只有钱，企业文化也很好，一出来职位，候选人都抢着要去。

但是你知道在开发这家客户的过程中我经历了什么吗？首先，这个客户是怎么找到我的？是通过行业口碑打听来的。其实他们并不是消费品行业的，而是医疗行业的，他们想要出一款新产品，希望能够用消费品品牌营销的方式来运作，所以想找一位消费品行业的有品牌营销经验的专家，而且当时他们也只是想先了解一下市场的情况，因此通过推荐找到了我。为什么说这个客户的开发是地狱级的呢？客户当时只是告诉我他们有这样的一个想法，并没有明确的工作要求，也没有说清楚他们要什么样的条件的人，而且也不允许我去市场上与候选人沟通，因为他们的职位还处于保密阶段，只是让我先推荐一些我认为合适的候选人。在这种条件下，没有积累是很难给出合适的候选人的。

当我精心挑选出了5名候选人，把简历发给他们的之后，HR便把每个候选人的情况都极其详细地询问了一遍。HR不只关心这个人的能力模型，甚至会问每段跳槽的原因，也包括候选人接下来的规划和想法。说实话如果不是深度了解过这些候选人的情况，我是很难回答HR的这些问题的。

我们想要解决一个问题，必须要先搞明白这个问题形成的原因，才能更好地对症下药。所以我们先来思考一下为什么现在开发客户会这么困难。我觉得总结来说主要有两个核心原因。

第一，需求过剩。过去我们都是主动地拿着自己公司的介绍去找客户，客户还会听你说两句。如今你会发现如果仍然用这个方式，客户已经不再理你了，他会跟你说我不需要，甚至连见面的机会都不给你，蹲在他门口他也当作没看到。那客户为什么不理你了呢？因为不知道在你身上投入的时间会有多少价值。现在一个客户一天能接到几十个猎头的电话。这当然也是如今各行各业都面临的挑战之一，太过卷。客户每天有那么多选择，时间精力非常有限，他能分给一个猎头多少注意力？或许你很优秀，但你没办法让客户看到你的优秀，连展现的机会都拿不到。

第二，客户需求发生根本性变化。曾经的客户，尤其是HR，他们需要的是情绪价值，如今的客户需要的却是功能价值。以前的职位交付难度也没这么大，预算也相对充足，对于HR来说给谁做差别并不大，谁让她觉得舒服就先给谁。所以曾经可以靠情商吃饭，但如今预算减少了，职位交付的难度不断增加，HR自己也是捉襟见肘，每天都要面临业务部门的挑战，所以她需要的是真正能帮她解决问题的专家，而非"闺蜜"。

因此，我们如何能在芸芸众生中让客户多看我们一眼呢？我们需要做到两点。

第一，拥有自己真正的核心价值，让自己成为细分领域的专家。就像我上述的案例一样，如果你能做到在职位需求都是模糊的情况下，还能推荐出优质的候选人，并且能说清楚这个候选人为什么合适，好在哪里，问题在哪里的话，你对客户来说才是有一定价值的。至于如何做到，其实本书的所有篇章中都在讲具体的方法，我创建的这套教练式猎头超级个体的打法就是在教你如何能让自己拥有核心竞争力。这是赢得客户的根本，也是那个"一"。

第二，扩大影响力，曝光自己让更多人知道你。也就是打造属于自己的个人品牌IP，现在每个人的时间精力都非常碎片化，并且注意力资源极度紧缺，所以，一定要用好的工具和武器来赢得客户的注意力。如何赢得呢？这也是做IP的核心关键，我也分享两个关键点。

① 知道你的客户在哪里。打个比方，20年前所有品牌营销的预算都集中在电视广告上，当时有著名的央视标王，几秒的广告要花几亿元，但投入那几秒的时间就可以让全国人民都知道了这个品牌，所以投入几亿元或许可以赚回几十亿元。但如今做品牌营销还有人投央视吗？实际上连电视广告都不怎么投了。为什么？因为看电视的人越来越少了。同样的道理，你要找到你的客户，首先思考一下，他们现在的注意力到哪里去了？

② 客户要什么你给什么。这也是很多人开始尝试做IP时最大的痛苦，不知道应该做什么样的内容，是迎合热点还是讲专业内容呢？我曾经也一度非常困惑，最后我想明白了我做直播的目的是什么，就是以终为始永远是正确的方向。所以如何引起客户的注意，就是他们要什么，他们需要的内容，什么让他们感觉到痛，你就提供什么，帮他们缓解疼痛。

我去年打造的"猎头酵母Ra姐"这个IP，不只帮我实现了100多万元的变现，还吸引了大量的想做猎头和想提升业绩的猎头伙伴们。同时也吸引了不少的客户，他们在看到我专业的表现后，纷纷主动表达合作意向，我最终还成为好几个客户的独家供应商，所以当你把你的IP建立好了，获客难度和成本将会大大降低。

第二，分享一下如何提高交付效率，降低成本。

目前，几乎每家公司都在思考如何降本增效，其中大部分公司选择了裁员，这样的降本在短期内效果明显，但从长期来说依然还是有问题的，所以真正降本的核心是要找到提高效率的关键点。

我们先一起思考一下，猎头公司的成本究竟是什么？

很多人选择加入猎头行业的原因，可能是因为他们觉得这是一个轻资产的行业，相对于传统行业几乎没有成本，但当你真正运作过猎头公司，你会发现其实不然。猎头行业最大的成本就是人——猎头顾问。其实还有个更加隐形的成本，就是随着顾问越来越多后的熵增，通俗点讲就是"内耗"。

关于猎头顾问"人"的这个成本，你或许会说那全部都变成Soho，不发工资这个成本不就没有了吗，这的确算是一个思路，但除了工资这个因素之外，还存在两个很费钱的沉没成本，一个是招聘成本，另一个是培训成本。稍微有些规模的猎企老板一年在找人上起码要花70万~80万元，甚至上百万元，为什么？因为猎头行业是个以结果为导向的行业，所以即使你的公司在行业里做得再出色，但可能在招聘猎头的市场上是缺乏品牌影响力和辨识度的，而且猎头工作本身也是以结果为导向的，所以流失率也非常高。

此外，猎头其实还是一个要求专业性的工作，尤其是当今时代，并不是随便找个人下载两个App就可以拿到结果的，因此对顾问的培养要求变得越来越高，培训周期也会变得越来越长。对一个企业来说，一个顾问产生收益之前，所有这些都是成本。我2017年创业的时候，我之所以第一年就能培养出百万顾问，并且我们的团队可以实现人均90万元的业绩，那是因为我几乎把自己全部的时间都投入到对顾问的培养中，我大概90%的时间都在带团队，培养他们的能力，只有10%的时间放在了自己做单上。同时，这也是很多猎头从顾问变成老板后最大的困惑，因为如何分配时间精力变成了一个巨大的挑战。放在团队培养上，你的个人收益一定会下降，但放在自己的业务上，团队又没办法成长，也不可能长久。而由于我之前在自己的领域建立了较深的护城河，所以我做单的效率非常高，基本上一推一中。因此，我才能实现在完成自己业绩的同时，团队还能实现人均90万元以上的业绩，但是我也会面临一个很大的挑战，就是如何规模化培养的问题。

那解决方案是什么呢？

其实就是我去年做的转型尝试，我打造了一个猎头酵母的IP。我通过培训的方式吸引了大量认可我，对我感兴趣的猎头，因此产生了一个品牌效应。大家听过我的课程后，非常认同我的价值和能力，所以当我说要组团一起来做业务的时候，7天就组建了一个100多人的团队，这首先就大大地降低了招聘的成本。其次，通过我这个模式，培训前置，既实现了规模化的复制，同时也大大降低了培训的成本。而且不只降低了整体的成本，它还成为另一个盈利点。

所以经过去年一年的培训，我们的私域里就拥有了2万以上的精准粉丝，同时还实现了100多万元的营收。更重要的是我们找到了不少优秀的顾问人才，他们通过我的整套方法论都提升了不少的业绩，并拿到了结果，比较厉害的人还实现了2个月就完成5个百万元以上的职位。

当然每个人的时间和精力都非常有限的，虽然我打造的这个IP还算成功，但其实我也的确是把整个人都投入进去了。在如此卷的时代中，客户的要求会不断提升，而我们每个人除了提高自己的壁垒外，也要更加开放，一起来协作，这样才能快速实现1+1+1＞111的效果。这也是我做分享的原因之一，我希望更多同频的伙伴一起来加速我们这个行业的发展，提升我们的价值。

讲完了猎头顾问在人的层面上的成本结构和解决方案，我们再来讨论一下另一个巨大的成本，就是熵增，这也是猎头公司非常分散的原因。我们会发现，公司顾问的人数上不去，规模自然上不去，但是一旦公司顾问人数上去了，到一定程度时业绩还是会受限，为什么？因为传统的猎头顾问更多的是资源导向的，或者说大家各有各的赚钱方式，黑猫白猫抓到老鼠就是好猫，大家并没有清晰的边界，所以一旦人数变多了，内部就开始变得格外混乱。猎头顾问可谓是四面楚歌，对外要与其他公司的猎头竞争，甚至还要和客户竞争，对内还要和隔壁部门的猎头顾问抢地盘。当你去找公司理论时，老板的一句话"做猎头要有狼性，适者生存"就给你打发回来了。如此，你是不是认为传统的猎头行业还是很原始的，这样的生存环境真的挺恶劣的，也难怪顾问们没办法沉下心来好好建立自己的"护城河"。

所以这个问题如果没有解决方案，加法是做不上去的，这也就是为什么那么多猎头平台都拥有良好的初心，但做到最后还是比较艰难、有挑战的原因。无论是2017年开猎头公司，还是2022年搭建Soho团队，我都做了一些尝试，想看看我的方法是否真的能解决这个问题。目前看起来我们MVP是成立的，无论是我开猎头公司的团队还是由学员组成的Soho团队，大家不仅能相对持久地拿到结果，而且还能在内部形成很好的协作和配合，包括团队的文化，没有相互挤对，反而有更多的相互支持。为什么？因为每个人的边界都很清楚，比如有人就专注做品牌线，有人专注做媒体线，有人专注做产品线等，大家都有自己的核心产品线。与此同时，大家还是相互有关联的，也就是说在这个体系里，你好，我好，大家才能一起更好。所以你会发现不少顾问相互帮助，不仅主动提供信息，还会陪着新顾问一起练习如何沟通和谈判。管理学大师德鲁克说过一句很经典的话：好的制度会不断激发人性的善，而不好的制度会激发人性的恶，所以不用再讨论人之初究竟是性本善还是性本恶的问题了，每个人心中既有善念也有恶念，这就是人。但如何能更多地激发起人的善念，这就是机制的问题。所以我分享的整套教练式猎头超级个体的方法论，不仅能解决业务能力的问题，我实践下来还发现这套战略也能真正解决顾问之间的高效协作的问题。

什么才是好的合作？合作不是我不行你行，我来蹭你一点，或者你今天劳动力比较便宜，我来压榨一点，这样的合作绝对是不长久的，因为这完全不符合人性。我认为人和人之间最好的合作一定是你有你的核心优势，我有我的核心优势，我们在一个共同的价值观和大目标下形成真正的合力，创造更大的增量。在这样的合作中，大家都是平等的、坦诚的。这样才能更长久、更良性地发展。

因此，我们的教练式猎头超级个体的整套打法就是可以有效地解决熵增的问题，我们是可以实现随着人数越来越多，威力越来越大的效果，并且大家还能有极强的凝聚力，相互支持，共同进步发展。

最后，我们再来讨论一下如何找到猎头行业的"第二曲线"。

这是近几年特别火的一个词。那什么是第二曲线呢？

"第二曲线"是英国管理学家查尔斯·汉迪提出的，核心思想是说世界上任何事物的产生与发展，都有一个生命周期，并形成一条曲线。在这条曲线上，有起始期、成长期、成就期、高成就期、下滑期、衰败期。整个过程犹如登山活动一样，往往是从平地开始，不断向山上攀登，接近或到达顶峰后，再由高而低向下走，直至最后回归平地。

而为了保持成就期的生命力，就需要在高成就到来或消失之前，开始另外一条新的曲线，即第二曲线。第二曲线，作为一种经营管理思想告诉人们，要想获得持续发展，就要不断地开辟新天地，画出适合自己发展需要的新曲线。

用我们的古话说这就叫作"居安思危"，"人无远虑必有近忧"。

就像我前面提到的为什么在2020年的时候，我放弃看起来还不错的环境而选择一切从0开始二次创业，其实我就是那种典型的居安思危的人，相比于不得不的无奈，我更希望在意识到"曲线"即将下降时就开始布局下一步，为自己的未来争取更多主动权。所以，这三年我其实也在不断地寻找猎头可以发展的第二条曲线。这里也来分享一下我的思考。

我认为猎头在发展第二曲线时有两个方向都是有机会的，当然我目前也只是在做一些尝试，还没有实现完整的解决方案，但我很乐意与大家分享，希望以后大家也可以有更多的创新和合作。

第一个方向就是打开C端市场。这两年的大环境不好，大量公司开始裁员，越来越多的职场人的职业生涯终止于35岁，可是离退休还有很多年，这是一个巨大的问题。我当初下定决心要选择重新创业的原因其实是希望能为优秀的职场人找到更多的出路，帮助大家解决长期职业发展的问题。我相信每个人内心都有追求自我实现的期待，我希望我能成为那个真正的伯乐，帮助更多人实现他们的自我价值，从而也实现我自己的自我价值。

所以我们现在正在重新定义猎头的价值，打造全新的教练式猎头，在人才端，我们希望能成为职场人的人才经纪人，帮助人才定制职业发展的解决方案，也为人才提供源源不断发展的舞台，让他们的价值能更好地被挖掘和释放出来。

第二个方向就是B端市场的优化。猎头的商业模式曾经服务的大部分都是大外资客户，他们的岗位相对标准化，并且也有足够的猎头费预算，但如今我们的主要客户群体也在慢慢发生变化，民营企业的品牌崛起势不可挡，而民营企业家的需求和痛点以及商业逻辑和外资的并不相同。民企老板更加务实，更注重结果和效果，更看重性价比。这就是为什么现在猎头条款一再缩水的原因，就是因为我们提供的解决方案未必能满足主流客户群体的需求。之前有个新锐消费品的联创和我聊了3个多小时，我们相谈甚欢。她说她在我之前找了很多的猎头，她想和猎头共创一些新的合作方式，但是全部都被拒绝了，猎头的态度就是你能接受我们就帮你找人，不能接受那就算了。

对于民企老板而言，他们在人才配置上的挑战绝对不是找不到人的问题，他们更大的问题是老板并不一定真的清楚自己要什么样的人才。这就可以理解，为什么大外资公司都有职位描述，而民企不太愿意写职位描述，即便有职位描述大概率也是网上抄来的，并不能真的表达清楚这个职位的需求。

分享一下我真实的感受，这两年我接触了大量的民企老板，其实老板们对于品牌营销的认知是千差万别的。每次当我说我是专注品牌营销方向的猎头时，就会有老板跟我说："帮我找个人来提高一下我们的销售业绩。"他认为品牌营销等于销售。有些老板会说："哎呀，我们之前刚花了80万元请设计师帮我们搞了一个Logo，如果早就认识你，就让你帮我找人了。"在他看来品牌营销等于Logo设计。老板们对于品牌营销岗位的认知都是这样千差万别的，更不要说在人才的认知上了。所以在我看来现在并非市场没有需求，而是客户的需求是什么他们自己也说不清楚。因此，接下去要成为一个有价值的猎头，你必须先成为你自己领域的专家，帮助客户弄清楚他们究竟需要什么样的人才，然后才能去交付。所以在B端的商业模式上，我认为也有非常多可以创新的空间。

在我看来，猎头的价值一定是需要被重新定义的，甚至是需要被重新塑造的，我非常愿意并且也的确一直在身体力行地实践和创新，因为我始终坚信一个真正优秀的猎头可以为每个人带来价值。这并不是一个人生意，这是一份可以成就更多人，成人达己的事业。

期待更多有志者加入我们这份值得你干一辈子的事业中，也欢迎更多的伙伴们可以一起来链接合作，我会以我自己的方式不断创新，更期待同频的你一起来助力我们的创新。让我们为了可以自豪地喊出那句："我是猎头，我为我身为猎头人而骄傲！"而奋斗终生吧！

以上就是我对于猎头新模式的一些思考，以及我实践后的一些真实感受，在此与君共勉！

2.教练式猎头超级个体未来展望

> ① 茨威格在《人类群星闪耀时》里写道：一个人生命中的最大幸运，莫过于在他的人生中途，即在他年富力强时发现了自己的人生使命。优秀的猎头会助力更多的人在他们年富力强的时候发现自己的人生使命，实现成人达己。
>
> ② 教练式猎头超级个体绝对不是一个简历的搬运工，也不是一个冰山上信息的匹配者。
>
> ③未来的教练式猎头超级个体将是人才的伯乐、战略咨询师和投资人；我们将是懂人性、懂商业、懂咨询的超级个体。

我始终坚信每个人都是独一无二的待开发的宝藏；

我始终坚信每个人都是带着各自的使命来到这个世界的；

我始终坚信当每个人找到了自己的使命，他就变成了具有创造力的人才；

我始终坚信人才才是创造和改变世界，让人类拥有真正幸福的核心源泉。

而我和我们的教练式猎头们就是那个发现、挖掘、助力更多人成为人才的人；我们将通过我们的信念和发现人才的慧眼，通过我们全然的接纳和深度的沟通，来助力人才挖掘自己的天赋和使命；我们将通过我们的匹配让更多对的人在茫茫人海中彼此相遇，彼此成就，自我实现。

教练式猎头超级个体绝对不是一个简历的搬运工，也不是一个冰山上信息的匹配者。我们将会是人才的经纪人；我们可以通过教练式沟通技术深度挖掘人才身上独一无二的价值；我们会陪伴人才长期的发展，成为他们迷茫时的灯塔，无助时的依靠；我们会努力放大人才的价值让更多人看到他们的闪光点，为他们寻找一个又一个更大的更适合的舞台，成就人才。

我们将会是企业人才战略咨询师；我们会通过教练式沟通技术深刻地理解创始人的情怀和初心，结合创始人的企业发展战略共创人才战略；我们也会陪伴创始人成长发展，成为他们沮丧时的陪伴师，苦恼时的倾听者；我们会为优秀创始人提供一个又一个价值理念和能力匹配的真人才，助力企业蓬勃发展，走向全球，为人类社会创造更大的价值。

未来的教练式猎头超级个体将是人才的伯乐、战略咨询师和投资人；我们将会是懂人性、懂商业、懂咨询的超级个体。我们可以通过教练式沟通走入更多人内心的深处，助力更多人成为更好的自己，帮助更多人找到合适的彼此，成人达己，也实现我们自己的时间自由，灵魂自由和财富自由。

我们可以通过自己的专业的技术和核心价值拥有主动选择的权利，我们再也不用担心35岁中年危机，我们可以凭借过往职场的深刻洞察力和广泛的人脉资源，通过教练式猎头的专业技术和平台找到我们事业的第二春，并且我们将实现终身受益，越老越吃香。

我们再也不用担心被客户白嫖，因为我们的高价值和用心的付出会受到客户和人才的尊重和平等的合作；我们再也不用背井离乡来实现自己的梦想，我们可以留在自己熟悉的家乡享受天伦之乐，为社会减少留守儿童；我们可以尽作为儿女的孝道，让父母安享晚年生活。

在我看来，人生最幸福的状态就是找到了自己的使命，做着喜欢热爱的事情，拥有一群志同道合的伙伴，实现时间自由，灵魂自由，财富自由。我们可以活得很通透，也可以很洒脱；可以很自主，也可以很自由。

我觉得我特别的幸运，在我工作10多年之后，在我年富力强的时候，我找到了我的使命并且可以为之奋斗。我的使命就是帮助更多人实现上述的"人生最幸福的状态"，所以我会全力以赴地创造这样一个能成就更多教练式猎头超级个体的赋能平台。通过赋能更多的教练式猎头超级个体来助力更多人实现自我的人生价值。

未来在我们的平台上，你只需要做你最擅长且喜欢的方向，比如你是一个品牌营销的职场人，你就可以做品牌营销这个细分职能的教练式猎头，你再也不需要流水线一样的搜索沟通，你需要做的只是找到那些跟你同频共振的 100 个品牌营销人才，深度挖掘他们价值，全面地陪伴支持，成为他们终身事业发展的伯乐，为他们匹配适合的舞台。

我们的平台会为你提供专业的教练式猎头超级个体的各种技术，从而帮你全方位提升个人价值，为你的猎头生涯保驾护航，比如**专业猎头技术**（人才评估技术、咨询技术、Offer 谈判技术等），**商业思维**（战略，投资等），**人性心力提升**（情绪管理，压力管理，心理复原力，自我探索等），**IP 打造技术**等。

我们也会为你提供更多可靠的协作资源，在我们的平台上让你找到更多拥有同等专业能力以及价值观的教练式猎头超级个体，形成一个强大坚实的协作网络，让资源使用实现效率最大化。

我们还会让你因为你的专业和价值成为我们平台力推的专家，让更多同频共振的客户和人才都能和你链接上，无论你在何时何地，只要你符合向上而生的价值观，拥有夯实的专业技术，就可以让你拥有源源不断的客户资源和匹配的精准的人才资源。

我们终将通过我们的专业，我们的教练式沟通技术，我们的赋能平台让更多对的人之间深情相拥，共同创造。我们也将助力更多人实现自我价值。未来人和人之间将不再是尔虞我诈，你死我活，而是通过对的链接实现真正的并肩作战，合作共赢，共同走向平安喜乐，拥有事业和情谊的双丰收，实现幸福蓬勃的人生。

这样的人生，是你想要的吗？

欢迎你加入我们，实现你的美好人生，也成就更多人的美好人生，为人类走向幸福贡献一份自己的力量！